改正女性活躍推進法等と

各種ハラスメント対応

布施 直春 著

経営書院

まえがき

　各企業の関係者が本書を読むことにより、次のことが手早くわかり、対応策を実施することができます。

① 令和元年5月に成立し、原則として、同2年4月1日から施行（実施）される女性活躍推進法、男女雇用機会均等法、育児・介護休業法、及び労働者派遣法の5つの法律がどのように改正されたのか。

② 上記①により、社員101人以上の企業に対して、女性社員の活躍を推進するための「一般事業主行動計画」の策定、都道府県労働局長への届出が義務づけられたこと。

③ すべての事業主に対して、各種ハラスメント（パワハラ、セクハラ、マタハラ、パタハラ、LGBTハラスメント）の予防、発生時の対応等の措置の実施が義務づけられたこと。

④ 各企業は、各種ハラスメント対応をどのように実施したらよいか。

⑤ 各種ハラスメントに関する就業規則、規程、労使協定をどのように作ったらよいか。それらのモデル規定例は。

⑥ 各種ハラスメントに関する企業内の委員会、相談員制度等はどのように作り、運用したらよいか。

⑦ 各種ハラスメントの被害者が発症しやすい精神疾患（障害）には、どのようなものがあるか。その障害特性はどのようなものか。

⑧ 社員がハラスメントにより被害を受けた場合、事業主と加害者は、どのような損害賠償義務を負うのか。

⑨ 社員がハラスメント被害により、疾病（障害）、休職、退職等となった場合、各種社会・労働保険から、どのような給付を受けることができるのか。

⑩ 上記⑨の場合の受給の要件、手続き、金額などはどのようになっ

ているのか。

⑪　その他諸々

　各企業の関係者が、早期に本書をお読みいただき、自社としての対応策を講じていただくことをおすすめします。

令和元年９月

　　　　　　　　　　　　元長野、沖縄労働基準局長
　　　　　　　　　　　　瑞宝小綬章受章（平成28年11月３日）
　　　　　　　　　　　　　　　　　　　布施直春

目　次

第1部　女性活躍・ハラスメント規制法（関係五法の改正）の内容 ……… 1

第1章　女性活躍・ハラスメント規制法（関係五法の改正）の要点 ……… 2

1　女性活躍・ハラスメント規制法（関係五法の改正）の要点は ……… 2

第2章　女性活躍推進法の改正 ……… 4

1　女性活躍推進法の改正内容は ……… 4

2　一般事業主行動計画の策定・届出・公表の手順、計画のモデル例は ……… 6

3　一般事業主行動計画の策定・届出・公表の義務の対象企業の範囲の拡大とは ……… 8

4　優良企業を対象とする「えるぼし認定」の改正内容は ……… 9

5　各企業の、女性の職業選択に資する情報の公表についての改正内容は ……… 10

第3章　ハラスメント規制の強化―関係四法の改正内容 ……… 11

第1節　労働施策総合推進法の改正 ……… 11

1　労働施策総合推進法のパワハラ対策に関する新設規定のあらましは ……… 11

2　国の施策、事業主の措置義務についての新設規定の内容は ……… 14

3　パワハラ問題に関する国・事業主・労働者に対する新設努力義務規定の内容は ……… 16

4　パワハラ紛争事案の解決手段に関する新設規定の内容は …… 18

i

目　次

　　　5　法違反事業主名の公表、事業主の報告義務、事業主に対
　　　　する罰則についての新設規定の内容は …………………………… 21
　第2節　男女雇用機会均等法の改正 ……………………………………… 22
　　　1　男女雇用機会均等法の改正内容は ………………………………… 22
　第3節　育児・介護休業法の改正 ………………………………………… 25
　　　1　育児・介護休業法の改正内容は …………………………………… 25
　第4節　労働者派遣法の改正 ……………………………………………… 26
　　　1　労働者派遣法の改正内容は ………………………………………… 26
第4章　まとめ ……………………………………………………………… 28
　　　1　女性活躍・ハラスメント規制法（関係五法の改正）の全
　　　　体像は ………………………………………………………………… 28
　　　2　企業のハラスメント対応に関する就業規則・労使協定の
　　　　モデル例は …………………………………………………………… 32

第2部　企業の各種ハラスメント防止措置と発生時の
　　　　　　対応 ………………………………………………………………… 33

はじめに―5つのハラスメントとは ……………………………………… 34
第1章　パワハラ …………………………………………………………… 36
　第1節　パワハラとその該当行為、発生状況、裁判例等
　　　　　　―活力ある職場を目指し、パワハラ対策への積極的な
　　　　　　取組みを ……………………………………………………… 36
　　　1　パワハラとその該当行為、発生状況は ………………………… 36
　　　2　都道府県労働局の個別労働紛争解決制度におけるパワハ
　　　　ラの取扱い・労災補償の状況は …………………………………… 41
　　　3　個別パワハラ事案についての裁判例は ………………………… 44
　　　4　職場においてパワハラ問題に取り組む必要性は …………… 46
　　　5　どのような職場でパワハラが発生しやすいか ……………… 48

第2節　パワハラの予防策、発生時の解決策
　　　　　―セクハラと同様に、トップの方針の明確化や懲戒処
　　　　　　分規定を定めるなどで予防が重要 ……………………… 50
　　①　職場におけるパワハラの予防策は ……………………………… 50
　　②　職場で発生した個別のパワハラ事案を解決するために、
　　　　どのような対応が必要か ……………………………………… 54
　　③　職場におけるパワハラの予防・解決のポイントは …………… 57
第3節　パワハラ被害相談の良い例・悪い例、パワハラ規程例
　　　　　―相談者の話を十分に聴くなどで、信頼関係が生まれ、
　　　　　　相談対応がスムーズに …………………………………… 59
　　①　パワハラ被害についての相談がうまくいったケースのポ
　　　　イントは …………………………………………………………… 59
　　②　パワハラ被害についての相談がうまくいかなかったケー
　　　　スのポイントは …………………………………………………… 61
第4節　パワハラに関する就業規則・労使協定例 ……………………… 64
　　①　就業規則（本則）にパワハラの禁止を定める場合の規定
　　　　例は ………………………………………………………………… 64
第2章　セクハラ ………………………………………………………… 69
第1節　セクハラとその該当行為、法的責任追及等
　　　　　―セクハラ被害従業員からの法的責任追及は、加害従
　　　　　　業員のみならず事業主にも及ぶ ………………………… 69
　　①　セクハラとその該当行為は …………………………………… 69
　　②　均等法でいう「セクハラ」の2つのタイプとは …………… 73
　　③　セクハラ被害従業員から加害従業員に対する法的責任の
　　　　追及は ……………………………………………………………… 78
　　④　セクハラ被害従業員から会社に対する法的責任追及は ……… 81
第2節　企業のセクハラ防止対策、発生時の対応 …………………… 84

目　次

$\boxed{1}$　事業主のセクハラ防止・解決の措置義務の具体的内容
は ……………………………………………………………… 84

$\boxed{2}$　職場でセクハラが発生した場合の企業側の対応方法は ……… 88

$\boxed{3}$　企業がセクハラ被害従業員等からの相談・苦情に対応す
る際の留意点は …………………………………………… 91

第3節　トラブル実例に学ぶセクハラ解決法
──「セクハラがあってはならない」と企業の方針を明
確に定め、加害従業員を厳正に処分する規程を定め
る ………………………………………………………… 94

$\boxed{1}$　企業のセクハラトラブル事案、対策の実施例、規程例
は ……………………………………………………………… 94

$\boxed{2}$　前記$\boxed{1}$の対策例に学ぶセクハラ等対応実務の留意点は ……… 100

第4節　ハラスメント全般に関する就業規則の規定例等 …………… 104

第3章　マタハラ、パタハラ、LGBT ハラスメント等 ……… 108

$\boxed{1}$　従来からの、従業員の妊娠・出産、育児休業、介護休業
等を理由とする事業主の不利益取扱いの禁止規定の内容
とは ……………………………………………………………… 108

$\boxed{2}$　男女雇用機会均等法、育児・介護休業法の改正（平成29
年1月施行）により追加された規定内容は …………………… 110

$\boxed{3}$　女性従業員の妊娠を理由とする事業主の不利益取扱いの
禁止の具体的内容は ……………………………………… 112

$\boxed{4}$　LGBT ハラスメントなどの禁止とは ……………………… 113

第3部　ハラスメント被害者が発症するおそれのある
精神疾患の種類、特性、職場における配慮の
しかた ……………………………………………………… 115

第1章　精神疾患（障害）……………………………………………… 116

iv

⑴　職場で認識される精神疾患の種類は …………………………… 116

第1節　気分障害（うつ病、そう病、そううつ病）……………………… 119

　　⑴　気分障害（うつ病、そう病、そううつ病）とは …………… 119

　　⑵　うつ病を発症した従業員への、職場で配慮すべきポイン

　　　　トは ………………………………………………………………… 121

　　⑶　新型（現代風）うつ病の特性は ……………………………… 123

　　⑷　そううつ病とは ………………………………………………… 127

第2節　統合失調症 ………………………………………………………… 129

　　⑴　統合失調症とは ………………………………………………… 129

　　⑵　統合失調症回復者を雇用する場合、職場で配慮すべきポ

　　　　イントは …………………………………………………………… 132

第3節　てんかん …………………………………………………………… 134

　　⑴　てんかんとは …………………………………………………… 134

　　⑵　てんかんについての職場の安全確保の注意点は ………… 137

第4節　不安障害（パニック障害、心的外傷後ストレス障害等）

　　　　その他 ……………………………………………………………… 139

　　⑴　不安障害（神経症）とは ……………………………………… 139

　　⑵　従業員が不安障害（神経症）になった場合、職場で配慮

　　　　すべきポイントは ……………………………………………… 141

　　⑶　パニック障害とは ……………………………………………… 144

　　⑷　心的外傷後ストレス障害（PTSD）…………………………… 146

　　⑸　過換気症候群（かかんきしょうこうぐん）とは ………… 149

　　⑹　適応障害とは …………………………………………………… 151

第4部　従業員が精神疾患を発症した場合の使用者の 義務・責任と社会・労働保険の取扱い …………… 153

第1章　使用者の義務・責任 　　　　　　—安全配慮義務、損害賠償責任ほか—………………… 154

目　次

　　　　① 従業員がうつ病等の精神疾患（業務上疾病）になった場
　　　　　 合、企業はどのような責任を追及されるか ……………………… 154
　　　　② 使用者の安全配慮義務とはどのような義務か ………………… 156
　　　　③ 被災労働者またはその遺族からの労災補償給付請求と民
　　　　　 事の損害賠償請求との違いは ……………………………………… 160
　　　　④ 安全配慮義務不履行による損害賠償請求で使用者が不利
　　　　　 な点は ………………………………………………………………… 162
　　　　⑤ 従業員が業務災害で死亡し、遺族がすでに労災保険の遺
　　　　　 族補償年金を受け取りながら、さらに、企業へ損害賠償を
　　　　　 請求した場合、金額調整はどのように行われるのか ………… 164
　　　　⑥ 精神疾患等が絡む死傷病等は、労働基準監督署へ報告義
　　　　　 務はあるか …………………………………………………………… 166
第2章　労災保険による補償給付
　　　　—業務上外の新認定基準、補償給付の内容、請
　　　　　 求手続等— ……………………………………………………… 171
第1節　業務災害についての使用者の労災補償義務 ……………………… 171
　　　　① 従業員が精神疾患となった場合の社会・労働保険からの
　　　　　 給付の種類は ………………………………………………………… 171
　　　　② 業務上の事由で精神疾患を発病した労働者への、事業者
　　　　　 の療養補償・休業補償の法的根拠は ……………………………… 174
第2節　精神障害についての労災（業務災害）の新認定基準 ……… 175
　　　　① 平成23年に示された新しい精神障害の労災認定基準とは … 175
　　　　② 精神障害が労災認定される3つの要件は …………………… 178
　　　　③ 精神障害を発病した労働者が長時間労働に従事していた
　　　　　 場合の、心理的負荷の評価方法は ……………………………… 186
　　　　④ セクハラの心理的負荷の評価方法は ………………………… 189
　　　　⑤ パワハラの心理的負荷の評価方法は ………………………… 192

目 次

|6| いわゆる「過労死」は業務災害として認定されるか ………… 194

|7| 精神障害を発病した労働者が自殺を図った場合、労災と
認定されるか ………………………………………………………… 195

|8| 精神障害は、どのような症状になった場合に「治ゆ（症状固
定）」と判断されるか ……………………………………………… 196

|9| 精神障害について労災認定された事例は ……………………… 197

第3節　労災補償給付の内容、請求手続等 ……………………………… 199

|1| 労働災害に被災した従業員から労災給付請求の助力依頼
を受けた場合、事業主がすべきことは ……………………… 199

|2| 労災給付請求の期限は ………………………………………… 205

|3| 精神障害その他の被災従業員が労災補償給付を受給でき
る期間は …………………………………………………………… 206

第4節　セクハラ・パワハラなど業務上の事由で発病した精神
疾患者に関する労災補償給付 …………………………………… 208

|1| セクハラ・パワハラなど業務上の事由により精神疾患を
発病した場合、どのような労災補償給付があるか …………… 208

|2| セクハラやパワハラ等で精神疾患を発病した従業員が休
業した場合、給付されるものは ………………………………… 211

|3| セクハラやパワハラなど業務上の事由で従業員が精神疾
患を発病して自殺した場合、遺族に対する給付は …………… 214

第5節　労災補償給付の請求が認められなかった場合の審査請
求 …………………………………………………………………… 218

|1| 労働基準監督署長が行った労災補償給付の不支給決定に
不服がある場合、どうすればよいか …………………………… 218

|2| 自社の被災従業員に対して国が支給した労災補償給付の
費用を、自社が負担させられる場合はあるか ………………… 220

vii

目　次

第6節　脳・心臓疾患、精神障害についての労災補償の状況 ········ 221

　　①　脳・心臓疾患についての、労災補償の状況は ····················· 221

　　②　精神障害についての労災補償の状況は ····························· 224

第3章　健康保険の給付

　　　　—傷病手当金ほか— ··· 228

　　①　健康保険から給付が行われるのはどのような場合か ··········· 228

　　②　傷病手当金の支給要件、支給期間、支給金額、受給手続

　　　は ··· 232

第4章　雇用保険の失業給付 ·· 240

　　①　雇用労働者が離職した場合に、雇用保険から基本手当

　　　（いわゆる失業手当）が支給される要件は ····················· 240

　　②　雇用保険の基本手当の日額、所定給付日数、受給期間、

　　　受給手続等は ·· 243

　　③　業務上疾病離職者等が優遇される「特定受給資格者」、

　　　「特定理由離職者」の制度とは ································· 246

　　④　精神疾患で離職し、治療のためにすぐには再就職できな

　　　い場合、基本手当の支給にどのような措置があるか ············· 249

凡　例

■主な法令名等の略称

女性活躍推進法……女性の職業生活における活躍の推進に関する法律

労働施策総合推進法……労働施策の総合的な推進並びに労働者の雇用の安定及び職業生活の充実等に関する法律

労基法……労働基準法

労基則……労働基準法施行規則

安衛法……労働安全衛生法

労災保険法……労働者災害補償保険法

労契法……労働契約法

労組法……労働組合法

育介法……育児休業、介護休業等育児又は家族介護を行う労働者の福祉に関する法律（通称　育児・介護休業法）

均等法……雇用の分野における男女の均等な機会及び待遇の確保等に関する法律（通称　男女雇用機会均等法）

最賃法……最低賃金法

派遣法……労働者派遣事業の適正な運営の確保及び派遣労働者の保護等に関する法律（通称　労働者派遣法）

労基署（長）……労働基準監督署（長）

労基監督官……労働基準監督官

パート……パートタイム労働者（短時間労働者）

第1部
女性活躍・ハラスメント規制法（関係五法の改正）の内容

第1章 女性活躍・ハラスメント規制法（関係五法の改正）の要点

1 女性活躍・ハラスメント規制法（関係五法の改正）の要点は

☞ポイント

　現行の5つの法律を改正することにより、女性活躍の推進と各種ハラスメントの規制の強化を行うことです。

1　「女性活躍・ハラスメント規制法」の正式名称は

「女性の職業生活における活躍の推進等に関する法律を改正する法律」です。

2　前記1の改正法によって改正された法律は

前記1の改正法が成立したことにより次の5つの法律が改正されました。

① 労働施策総合推進法

② 女性活躍推進法

③ 男女雇用機会均等法

④ 育児・介護休業法

⑤ 労働者派遣法

3　女性活躍・ハラスメント規制法の要点は**図表1**のとおりです。

１　女性活躍・ハラスメント規制法（関係五法の改正）の要点は

図表１　女性活躍・ハラスメント規制法の要点

1　女性活躍の数値目標（一般事業主行動計画）の策定・届出・公表義務を従来の「従業員301人以上」の企業から、中小企業（従業員101人以上）に拡大する
2　セクハラ、パワハラ、マタニティハラスメントを「行ってはならない」と明記
3　パワハラ防止の取り組みを企業に初めて法律で義務付け。相談体制の整備など具体的内容は厚生労働大臣指針で規定
4　セクハラ、パワハラ、マタハラの被害を相談した労働者への事業主による解雇など不利益な取り扱いを禁止
5　自社の労働者が社外でセクハラをした場合、被害者側の企業による事実確認などへの協力を努力義務とする

４　同法の施行期日は

原則として、令和２年４月１日から施行されます。

ただし、中小企業については、必要に応じて経過措置が設けられます。

５　同法の担当労働行政機関・当合せ先は

①　上記改正法の内容と対応のしかた、②　一般事業主行動計画の策定・届出のしかた、③　「えるぼし認定」の申請のしかた、④　各種ハラスメントへの対応のしかたなどについては、主に、各都道府県労働局（厚生労働省の直轄機関）の雇用環境・均等部（室）が担当します。質問がある場合には、同部（室）に問い合わせてください。

第2章　女性活躍推進法の改正

第2章　女性活躍推進法の改正

① 女性活躍推進法の改正内容は

☞ポイント

　一般事業主行動計画（内容は女性活躍推進計画）の策定届出の義務の対象企業を、従来の従業員数「301人以上の企業」から「101人以上」に拡大したことなどです。

1　女性活躍推進法とは

　女性活躍推進法（正式名称：女性の職業生活における活躍の推進に関する法律）は、職業生活における女性の活躍を迅速かつ重点的に推進するために、10年間の時限立法として、平成27年9月（「一般事業主行動計画」は平成28年4月）に施行されました。

2　令和元年の同法改正の内容は

　女性活躍推進法の改正内容は、**図表2**のとおりです。

4

1　女性活躍推進法の改正内容は

図表２　女性活躍推進法の主な改正内容

1　一般事業主行動計画の拡大強化
　　〜企業のPDCA（企画→実施→点検→改善実施）の取組を拡大強化し、女性活躍の取組を更に推進〜
● 行動計画の策定・届出・公表の義務の対象企業の拡大（301人以上→101人以上）
2　えるぼし認定の改正
　　〜インセンティブ強化（裾野を広げ、より高水準の取組も促進）〜
● より水準の高い「プラチナえるぼし」認定を創設し、「プラチナえるぼし」取得企業は、行動計画策定等の義務を免除。（cf：プラチナくるみん）
※　えるぼし認定の基準を、中小企業を含め、女性活躍の取組を進めている企業が適切に認定を受けられるよう改正。
3　情報公表の促進
　　〜女性の職業選択に資するよう、女性活躍に関する企業の情報公表を促進〜
◆ 従業員101〜300人規模企業については、準備期間など円滑な施行に十分配慮。

（資料出所）労働基準広報2019年４月１日号「特集　女性活躍推進法等の改正法案要綱の内容」掲載の図表を修正のうえ使用。図表３〜６までも同じ。

② 一般事業主行動計画の策定・届出・公表の手順、計画のモデル例は

☞ポイント

図表3・4のとおりです。

図表3 女性活躍推進法の「一般事業主行動計画」策定・公表の手順

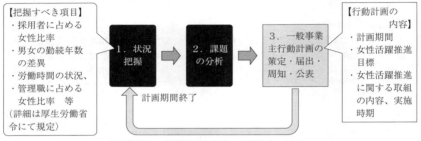

② 一般事業主行動計画の策定・届出・公表の手順、計画のモデル例は

図表4　企業の一般事業主行動計画の策定例

株式会社B行動計画（管理職の女性割合が少ない会社の例）

女性が管理職として活躍できる雇用環境の整備を行うため、次のように行動計画を策定する。

1．計画期間：令和2年4月1日～令和7年3月31日（5年間）

2．当社の課題

課題1：採用における男女別競争倍率、男女の継続勤務年数に大きな差は見られないが、管理職に占める女性割合が低い。

課題2：管理職を目指す女性が少ない。

課題3：女性が配属されている部署が男性と比較して限定されている。

3．目標

管理職（課長級以上）に占める女性割合を30％以上にする

4．取組内容と実施時期

取組1：人事評価基準について見直しを図る。

●令和2年10月～部署ごとの男女別評価を検証し、現在の人事評価について、女性にとって不利な昇進基準になっていないか、男女公正な昇進基準となっているか精査し、必要に応じて新しい評価基準を検討する。

●令和4年4月～新しい評価基準について試行開始。課題を検証。

●令和5年4月～新しい評価基準に基づく評価を本格実施。

取組2：女性職員を対象として管理職育成を目的としたキャリア研修を実施する。

●令和2年6月～研修プログラムの検討。

●令和2年10月～女性社員に対する研修ニーズの把握のため、アンケート、ヒアリングなどを実施。

●令和3年4月～アンケート等の結果を踏まえ、研修プログラムの決定。

●令和3年7月～管理職育成キャリア研修の実施（10月、12月、翌年1月開催）。

●令和3年7月～併せて管理職を対象とした研修を実施。

取組3：これまで女性社員が少なかった部署等に積極的に配置する。

●令和2年5月～男女の配置で偏りがある部署の洗い出しを始める。

●令和2年8月～女性があまり配属されてこなかった部署に女性を配属する上での課題点を分析。

●令和2年11月～「メンター制度導入・ロールモデル普及マニュアル」を活用し、営業部門等のロールモデルとなる女性社員によるメンター制度を社内で立ち上げ。

●令和3年1月～対象となる女性職員へのきめ細かなヒアリング、研修を実施。

●令和4年4月～実際に配属を実施し、定期的なフォローアップを実施。

（資料出所）厚生労働省パンフレット「一般事業主行動計画を策定しましょう！」を一部修正のうえ使用。

第2章　女性活躍推進法の改正

③ 一般事業主行動計画の策定・届出・公表の義務の 対象企業の範囲の拡大とは

☞ ポイント

　現行、「従業員数301人以上」が「101人以上の企業」に拡大されました。

　従来、「一般事業主行動計画」（一般事業主が実施する女性の職業生活における活躍の推進に関する取組に関する計画）の策定・届出・公表（以下「策定等」）が義務づけられていた事業主は、「常時雇用する労働者の数が300人を超えるもの」（301人以上企業）でした。法改正により、この範囲が、「100人を超えるもの」に拡大されました。

　なお、現行法では、中小企業に対しては、同計画の策定等が努力義務とされていました。

　この改正規定の施行日は、令和2年4月1日です。

④　優良企業を対象とする「えるぼし認定」の改正内容は

④　優良企業を対象とする「えるぼし認定」の改正内容は

☞ ポイント

　「えるぼし認定」の中に、「プラチナえるぼし」が新設されました。

1　新設された「プラチナえるぼし」の認定要件は

　改正女性活躍推進法では、厚生労働大臣が、同法第9条の認定（えるぼし認定）を受けている「認定一般事業主」からの申請に基づいて、**図表5**のすべての要件に適合する事業主を認定することができる旨の規定が新設されました。

2　「プラチナえるぼし」の表示方法は

　前記1の認定を受けた「特例認定一般認定事業主」は、商品等に厚生労働大臣の定める表示（「プラチナえるぼし」マーク）を付すことができるようになりました。

図表5　「プラチナえるぼし」の認定要件

1　事業主が一般事業主行動計画に基づく取組を実施し、その一般事業主行動計画に定められた目標を達成したこと 2　「男女雇用機会均等推進者」及び「職業家庭両立推進者」（育介法第29条で選任が努力義務とされる労働者の職業生活と家庭生活との両立が図られるように講ずべき措置の適切・有効な実施を図る業務の担当者）を選任していること 3　その事業主の、女性の職業生活における活躍の推進に関する取組の実施の状況が特に優良なものであること 4　その他の厚生労働省令で定める基準を満たしていること

9

第2章　女性活躍推進法の改正

5　各企業の、女性の職業選択に資する情報の公表についての改正内容は

☞ ポイント

　情報公開義務の対象企業が、従来の、従業員数「301人以上」の企業から「101人以上」に拡大されるなどの改正が行われました。

　改正内容のあらましは、次のとおりです。
1　「情報公表の促進」
　　～女性の職業選択に資するよう、女性活躍に関する企業の情報公表を促進～
　情報公表義務の対象企業の拡大（従業員数301人以上の企業から→101人以上）
2　情報公表項目の改正（従来は、厚生労働省令で定める項目から1つ以上を任意に選択）
　情報公表項目を、①職業生活の機会の提供に関する項目と②職業生活と家庭生活との両立に関する項目に区分し、各区分から1つ以上の情報を公表することを義務化
※　①：女性労働者の採用割合、管理職比率など
　　②：労働者の1カ月当たりの時間外・休日労働時間、年次有給休暇取得率など
3　情報公表の適正化を確保するため、勧告違反の場合の企業名公表制度の創設

10

第3章　ハラスメント規制の強化―関係四法の改正内容

第1節　労働施策総合推進法の改正

1　労働施策総合推進法のパワハラ対策に関する新設規定のあらましは

☞ ポイント

　令和元年の改正により、**図表6**のようにパワハラ防止・対応対策の根拠規定が新設されました。

　従来の法制では、職場のパワーハラスメント（以下「パワハラ」と略す。）防止に関する制定法（国会で成立した法律）上の根拠規定はありませんでした。

　令和元年の法改正により、パワハラ防止・対応対策について、労働施策総合推進法（正式名称：労働施策の総合的な推進並びに労働者の雇用の安定及び職業生活の充実等に関する法律）の改正の中に根拠規定が新設されました。

　新設された規定内容のあらましは、**図表6**のとおりです。

第3章　ハラスメント規制の強化─関係四法の改正内容

図表6　パワーハラスメント対策に関する労働施策総合推進法の改正内容

1　事業主に、一定の雇用管理上の措置を講じることを義務付け
　　（現行の男女雇用機会均等法のセクハラ防止の措置義務と同様）
　①　事業主による社内方針の明確化と周知・啓発や、苦情などに対する相談体制の整備等を義務化
　②　中小企業に対しては、円滑な施行に向けて配慮・支援を実施
2　厚生労働大臣指針で「パワハラの定義」や「措置の内容」を明確化（予定）
　①　厚生労働大臣指針で「パワハラに該当する／しない行為例」、「適正な範囲の業務指示や指導についてはパワハラに当たらないこと」などを明確化。
　②　取引先や顧客等からの著しい迷惑行為（いわゆるカスタマーハラスメント）については、法律上の措置義務の対象とはしないが、厚生労働大臣指針において、労働者からの相談体制の整備や被害者への適切な配慮等を行うことが望ましい旨を記載することを検討。
　③　パワーハラスメントは以下の3つの要素をすべて満たすものとして法律に規定
　　イ　優越的な関係に基づく、
　　ロ　業務上必要かつ相当な範囲を超えた言動により
　　ハ　就業環境を害すること（身体的若しくは精神的な苦痛を与えること）

2　新設規定についての留意点は

(1)　事業主に対する義務付け規定について

　事業主、労働者等に対するパワハラ行為自体の禁止規定はない。

　また、相談窓口の設置などをしない企業に対しては、厚生労働大臣（または都道府県労働局長）が、指導、勧告を行う。企業がこれに従わない場合には、その企業名を公表する。罰則規定はない。

(2)　パワハラ厚生労働大臣指針（告示）について

　指針というのは、ガイドラインのことであって、事業主等に対して強制力を持つものではありません。

　また、告示というのは法令（法律、政令（施行令等）、省令（施行規則等））よりも効力が下位のものです。標記の指針（告示）に違反しても罰則はありません。

　しかし、該当事業主等は、民事訴訟による被害労働者等からの損害

賠償請求の場合には安全配慮義務（就業環境保全義務）不履行、不法行為等としてその根拠になると予想されます。

第3章　ハラスメント規制の強化―関係四法の改正内容

② 国の施策、事業主の措置義務についての新設規定の内容は

☞ポイント

労働施策総合推進法の改正により、次のことが新たに定められました。
① 国がハラスメント対策全般を行うこと。
② 事業主には、パワハラについて必要な措置を実施する義務があること。

1 国の新たな施策は

まず、労働施策総合推進法で、国の施策として「職場における労働者の就業環境を害する言動に起因する問題の解決を促進するために必要な施策を充実すること」、いわゆるハラスメント対策全般について、国の施策として規定されました。

2 「職場における優越的な関係を背景とした言動に起因する問題」に関して事業主が講ずべき措置等とは

――パワハラの定義などは厚生労働大臣指針で明確化――

事業主が講ずべきパワハラ防止対策等については、①事業主の雇用管理上の措置義務（相談体制の整備等）の新設、②事業主に①の相談（パワハラに関する相談）を行ったこと等を理由とする対象労働者等に対する不利益な取扱いの禁止――などが規定されました。

① 事業主の雇用管理上の措置義務規定は

事業主の「パワハラ防止等についての措置義務」については、「事業主は、ⓐ職場において行われる優越的な関係を背景とした言動であって、ⓑ業務上必要かつ相当な範囲を超えたものによりⓒその雇用

14

する労働者の就業環境が害されることのないよう、その労働者からの相談に応じ、適切に対応するために必要な体制の整備その他の雇用管理上必要な措置を講じなければならない」と規定されています（下線は著者）。この規定は現行の男女雇用機会均等法のセクシュアルハラスメント（以下「セクハラ」と略す。）防止・対応の措置義務と同様の規定形式とされました。

②　労働者が事業主に相談等を行ったこと等を理由とする不利益取扱いの禁止規定とは

事業主への相談等を理由とした不利益取扱いの禁止規定は、労働者が相談等を行うことに躊躇することがないように定められました。「事業主は、労働者がパワハラについて相談を行ったこと又は事業主によるその相談への対応に協力した際に事実を述べたことを理由として、その労働者に対して解雇その他不利益な取扱いをしてはならない」と定められています。

この「不利益取扱いの禁止」の規定は、後述するセクハラやマタニティハラスメント（妊娠・出産・育児休業・介護休業等に関するハラスメント。以下「マタハラ」と略す。）の防止対策規定にも定められています。

そして、厚生労働大臣は、「措置義務」及び「事業主への相談等を理由とした不利益取扱いの禁止」について事業主が講ずべき措置等に関して必要な指針を定めることとされています。

今後、この指針で、「パワハラに該当する／しない行為例」、「適正な範囲の業務指示や指導についてはパワハラに当たらないこと」、「カスタマーハラスメントへの適切な配慮等」などが明確化されます。

第3章　ハラスメント規制の強化─関係四法の改正内容

③　パワハラ問題に関する国・事業主・労働者に対する新設努力義務規定の内容は

☞ポイント

　労働施策総合推進法の改正により、新たに、国、事業主、労働者が、それぞれの立場でパワハラ問題の解決に努力することが定められました。

1　国の努力義務規定は

　国に対しては、労働者の就業環境を害する言動を行ってはならないことその他その言動に起因する問題に対する事業主その他国民一般の関心と理解を深めるため、広報活動、啓発活動その他の措置を講ずるように努めなければならないこと──が定められています。

2　事業主の努力義務規定は

　事業主に対しては、パワハラ防止のために、②研修の実施その他の必要な配慮をすること、②国の講ずる措置に協力すること、③自らもその問題に対する関心と理解を深め、労働者に対する言動に必要な注意を払うこと──に務めることが定められています。

3　労働者の努力義務規定は

　労働者に対しては、そのパワハラ問題に対する関心と理解を深め、他の労働者に対する言動に必要な注意を払うとともに、事業主の講ずるパワハラ防止の措置に協力するように努めなければならないことを定めています。

　以上、改正法により、国、事業主、労働者に対して求められているのは、いわゆる「努力義務」です。これは、できるだけそのように努

16

3 パワハラ問題に関する国・事業主・労働者に対する新設努力義務規定の内容は

力してくださいということです。したがって、できるだけ努力すれば法違反となることはありません。

第3章　ハラスメント規制の強化─関係四法の改正内容

4　パワハラ紛争事案の解決手段に関する新設規定の内容は

☞ ポイント

　労働施策総合推進法の改正により、紛争解決手段として、①都道府県労働局長として、①都道府県労働局長による助言、指導又は勧告と②紛争調整委員会による調停に関する法規定が新設されました。

　改正法では、パワハラ防止の「措置義務」及び「不利益取扱いの禁止」に関する労働者と事業主との間の紛争については、次の2つの方法によるとする「紛争の解決の促進に関する特例」が設けられました。

　個別労働関係紛争の解決の促進に関する関係規定は適用されません。

1　都道府県労働局長によるパワハラ紛争事案の解決の援助とは

(1)　都道府県労働局長は、紛争に関し、その紛争の当事者の双方又は一方からその解決につき援助を求められた場合には、その紛争の当事者に対し、必要な助言、指導又は勧告をすることができます。

(2)　労働者が、都道府県労働局長に対して、(1)の解決の援助を求めた場合については、「事業主への相談等を理由とした不利益取扱いの禁止」の法規定が準用されることとなります。

　つまり、事業主は、自社の労働者が都道府県労働局長に対してパワハラ紛争の解決に関して援助を求めたことを理由として、その労働者を不利益取扱いしてはならないということです。

(3)　上記(1)、(2)の具体的な取扱いとしては、その都道府県労働局の担当部署の職員がその紛争の当事者から事情を十分に聴取したうえで解決に向けて助言、指導又は勧告を行います。

18

2 紛争調整委員会によるパワハラ紛争事案の調停とは

(1) 都道府県労働局長は、上記の紛争について、その紛争の当事者の双方又は一方から調停の申請があった場合においてその紛争の解決のために必要があると認めるときは、紛争調整委員会に調停を行わせるものとします。

調停というのは、委員が調停案の作成、調停、受諾勧告を行ってパワハラ紛争事案の解決を図るものです。

当事者に対する強制力はありません。

(2) 労働者が(1)の調停の申請をした場合については、「事業主への相談等を理由とした不利益取扱いの禁止」の法規定（つまり、事業主は、自社の労働者が都道府県労働局長に対してパワハラ紛争事案の解決について調停を申請したことを理由として、その労働者について解雇その他の不利益取扱いをしてはならないということです。）が準用されることとなります。

なお、調停の手続きについては、男女雇用機会均等法の規定を準用することなどを厚生労働省令で定めるとされています。

3 企業の対応のしかたは

もしも自社内でパワハラ紛争が発生し、自社内で解決できない場合には、早期に、上記1または2の手段を利用することをおすすめしま

図表7　パワハラ紛争解決の手順

① 都道府県労働局長による助言・指導又は勧告

上記①により解決できない場合

② 紛争調整委員会による調停委員が調停案の作成、調停、受諾勧告をして紛争の解決を図る。

第3章　ハラスメント規制の強化―関係四法の改正内容

す。

　会社が、上記のようなトラブル事案を放置しておくと、被害従業員から、会社と加害従業員に対して安全配慮義務（就業環境整備義務）不履行による損害賠償請求を提起され会社と加害従業員が敗訴となる恐れが多分にあるからです。

　上記1、2の労働局による問題解決は、

ⓐ　無料であること。

ⓑ　早期に、手軽に利用できること。

という長所もあります。

⑤ 法違反事業主名の公表、事業主の報告義務、事業主に対する罰則についての新設規定の内容は

⑤ 法違反事業主名の公表、事業主の報告義務、事業主に対する罰則についての新設規定の内容は

☞ ポイント

　労働施策総合推進法の改正により、事業主の虚偽報告については、20万円以下の過料（少額の罰金刑のこと）にすることなどが定められています。

1　法違反事業主名の公表とは

　厚生労働大臣（または都道府県労働局長。以下同じ。）は、前述のパワハラ防止の措置義務及び不利益取扱いの禁止に違反している事業主に対して、勧告をした場合に、その勧告を受けたものがこれに従わなかったときは、その旨を公表することができるという「法違反事業主名の公表」の規定が設けられました。

2　事業主の報告義務と違反した場合の過料とは

　また、厚生労働大臣は、事業主から「パワハラ防止の措置義務」及び「不利益取扱いの禁止」の法規定の施行に関し必要な事項について報告を求めることができる規定が設けられました。

　厚生労働大臣が、事業主からパワハラ防止の措置義務等の法規定の施行に関し必要な事項についての報告を求めた際に、この報告をしないものあるいは虚偽の報告をしたものは、「20万円以下の過料に処する」とされています。

第3章　ハラスメント規制の強化―関係四法の改正内容

第2節　男女雇用機会均等法の改正

1　男女雇用機会均等法の改正内容は

☞ ポイント

　従来の均等法に規定されているセクハラ防止措置の実効性を高めるための規定が設けられました（**図表8**）。

セクハラ・マタハラ防止対策の実効性を期するため

① 　労働者のセクハラ・マタハラについての相談等を行ったことによる事業主による不利益取扱いの禁止

② 　事業主の雇用機会均等推進者の選任の努力義務等の規定を設けました（**図表8**参照）。

1　従来の均等法の規定内容は

　従来からの均等法では、次のように、各ハラスメントの防止措置を講じることが事業主に義務づけられています。

① 　セクハラについては、均等法第11条

図表8　セクシュアルハラスメント対策の実効性の向上に関する改正均等法の規定等

> **1　セクハラ防止に関する使用者・労働者の責務**
> ● 　セクハラは許されないものであり、使用者・労働者の責務として、他の労働者に対する言動に注意を払うよう努めるという趣旨の規定を設けた。
> **2　事業主に相談した労働者に対する不利益取扱いの禁止**
> ● 　労働者が相談等を行うことに躊躇することがないよう、労働者がセクハラに関して事業主に相談したことを理由とした不利益取扱いを禁止した。
> **3　社外の労働者等からセクハラを受けた場合や社外の労働者にセクハラを行った場合の対応の明確化**
> ● 　他社の労働者等からセクハラを受けた場合も措置義務の対象となることや、社外の労働者にセクハラを行った場合は、他社が実施する事実確認等の措置に協力するよう努めることを厚生労働大臣指針等で明確化する予定。

22

イ　事業主に雇用管理上の措置義務

ロ　均等法に基づく厚生労働大臣指針で、以下の措置を規定

（イ）　事業主による方針の明確化と周知・啓発

（ロ）　苦情などに対する相談体制の整備

（ハ）　被害を受けた労働者へのケアや再発防止

②　いわゆるマタニティハラスメント（以下、マタハラと略す。）妊娠・出産・育児休業等に関するハラスメントについては、均等法第11条の２、育児介護休業法第25条）

2　セクハラについてもパワハラ同様に、事業主の労働者に対する「不利益取扱いの禁止」を規定

１）令和元年の均等法の改正によって、事業主は、労働者が職場におけるセクハラに関する相談を行ったことまたは事業主によるその相談への対応に協力した際に事実を述べたことを理由に、解雇その他の不利益取扱いをしてはならないという「不利益取扱いの禁止」の規定が設けられました。

同様に、マタハラについては、「妊娠、出産等に関する言動に起因する問題」に関する相談を行ったことを理由とする「不利益取扱いの禁止」の規定が設けられました。

3　国・事業主・労働者の責務は

また、「職場における性的な言動に起因する問題に関する国、事業主及び労働者の努めるべき事項」として、前述のパワハラに規定されている事項と同様の規定が、セクハラ、妊娠、出産等に起因するマタハラについても規定されました。

なお、育児休業等に起因するマタハラについては、従来から、同様の規定が育児・介護休業法に設けられています。（第３節参照）。

4 新たに「男女雇用機会均等推進者」選任の努力義務を規定

　改正均等法で、標記の規定が設けられました。

　この者の選任の努力義務は、各企業における均等法にそった雇用管理の実現やポジティブ・アクション（その企業の現状を改善するための事業主の積極的な措置）の推進に関する実効性ある取組を促すためのものです。この制度は、従来は、通達で選任するよう示されていました。

第3節　育児・介護休業法の改正

1　育児・介護休業法の改正内容は

☞ ポイント

労働者の育休等のトラブルについての相談を理由とする事業主の不利益取扱いの禁止規定が新設されました。

1　従来からの育児・介護休業法の規定内容は

従来の育児・介護休業法第10条等では、労働者からの育児休業等の申出・取得等を理由とする解雇その他の不利益な取扱いが禁止されています。そして、上司・同僚からの育児・介護休業等に関する言動により育児・介護休業の取得者等の就業環境を害することがないように防止措置を講じることが事業主の義務とされています（育児・介護休業法第25条）。

2　労働者の育休等のトラブルについての相談を理由とする事業主の不利益取扱いの禁止規定を追加

1）今回の改正育児・介護休業法により、「労働者が、職場における育児休業等に関する言動に起因する問題に関する相談を行ったこと」等を理由とする不利益取扱いの禁止規定が追加されました。この追加規定は、前述した労働施策総合推進法の「パワハラ」に関する規定、及び男女雇用機会均等法の「セクハラ、妊娠、出産等の言動に起因するマタハラ」についての規定と同内容のものです。

2）また、国、事業主、労働者の努めるべき事項についても、パワハラ、セクハラ等の防止対策として規定されたものと同様の規定が設けられました。

第4節　労働者派遣法の改正

1　労働者派遣法の改正内容は

> ☞ ポイント
>
> 派遣労働者を受入れ使用している派遣先事業主も、それらの派遣労働者に係るパワハラについての防止・対応措置義務等の対象になりました。

1　労働者派遣事業・派遣労働者とは何か

労働者派遣法の対象となる「労働者派遣事業」とは、**図表9**のとおり、

1) 派遣元事業主（人材派遣会社：A）が、直接雇用する派遣労働者（C）を、
2) 他人または他の事業主（派遣先：B）に労働者派遣し、その指揮命令を受けて、派遣先（B）の業務に労働させることを、
3) 事業活動とすること

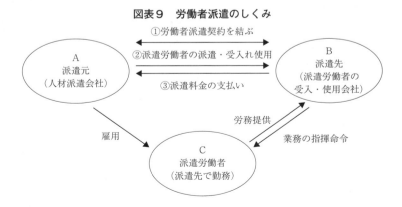

図表9　労働者派遣のしくみ

をいいます（派遣法2条1項1号）。

　派遣労働者（図表9の（C））の雇用主は、派遣元事業主（人材派遣会社：図表9の（A））であり、派遣元（A）が賃金を支払って、社会・労働保険の加入手続き・保険料の支払いなどをします。

　一方、派遣労働者が具体的な指揮命令を受けて働くのは、派遣先会社（図表9の（B））であって、派遣先会社のための労働です。

　この派遣先事業主は、従来から、派遣法の規定により、派遣労働者の労働時間・安全衛生等の管理義務、セクハラの防止・対応措置義務を負っています。

2　令和元年の法改正の内容は

　令和元年の法改正により、派遣労働者（C）については、派遣先の事業主（B）もその派遣労働者を雇用する事業主とみなして、パワハラ防止の措置義務及びパワハラに関して研修の実施等必要な配慮を行う努力義務の規定が適用されることになりました。

第4章　まとめ

第4章　まとめ

1 女性活躍・ハラスメント規制法（関係五法の改正）の全体像は

☞ポイント

　一般事業主行動計画の作成・届出・公表義務を101人以上の企業に義務付けるとともに、全事業主に対して、パワハラ防止・対応措置の実施を義務付けた。

関係五法の具体的な改正内容は、**図表10〜11**のとおりです。

1 女性活躍・ハラスメント規制法（関係五法の改正）の全体像は

図表10　女性活躍・ハラスメント規制法（関係五法の改正）の要点

	現行法	主な改正点
女性活躍の推進	● 女性活躍推進法 ・ 一般事業主行動計画の策定等（従業員数301人以上の企業に義務） ・ 情報公表（従業員数301人以上の企業に義務） （公表項目は任意の1項目） ・ 優良企業（えるぼし）認定（現行3段階）等	● 行動計画策定・届出・情報公表義務の対象企業の拡大 （従業員数301人以上→101人以上） ● 情報公表の強化（複数項目化） ● プラチナえるぼしを新設、4段階に―　等
ハラスメントの規制の強化	〈パワーハラスメント〉 ● 法的な根拠規定なし 〈セクシュアルハラスメント〉 ● 男女雇用機会均等法 ・ 事業主に雇用管理上の措置義務 ・ 法律に基づく指針で、以下の措置を規定 ① 事業主による方針の明確化と周知・啓発 ② 苦情などに対する相談体制の整備 ③ 被害を受けた労働者へのケアや再発防止	● セクシュアルハラスメントと同様の「事業主に対する雇用管理上の措置義務」を導入 （労働施策総合推進法） ● 実効性の強化 （労働者の相談等を理由とした事業主の不利益取扱いの禁止等）

第4章　まとめ

図表11　女性活躍・ハラスメント規制法（関係五法の改正）の全体像

1　改正の趣旨
　女性をはじめとする多様な労働者が活躍できる就業環境を整備するため、①女性の職業生活における活躍の推進に関する一般事業主行動計画の策定義務の対象拡大、②情報公表の強化、③パワーハラスメント防止のための事業主の雇用管理上の措置義務等の新設、④セクシュアルハラスメント等の防止対策の強化等の措置を講ずる。
2　改正の概要
(1)　女性活躍の推進【女性活躍推進法】
　イ　一般事業主行動計画の策定義務の対象拡大
　　　一般事業主行動計画の策定義務の対象を、常用労働者301人以上から101人以上の事業主に拡大する。
　ロ　女性の職業生活における活躍に関する情報公表の強化及びその履行確保
　　　情報公表義務の対象を101人以上の事業主に拡大する。また、301人以上の事業主については、現在1項目以上の公表を求めている情報公表項目を「①職業生活に関する機会の提供に関する実績」、「②職業生活と家庭生活との両立に資する雇用環境の整備に関する実績」に関する項目に区分し、各区分から1項目以上公表することとする。
　　　あわせて、情報公表に関する勧告に従わなかった場合に企業名公表ができることとする。
　ハ　女性活躍に関する取組が特に優良な事業主に対する特例認定制度（プラチナえるぼし（仮称））の創設
(2)　ハラスメント対策の強化
　イ　国の施策に「職場における労働者の就業環境を害する言動に起因する問題の解決の促進」（ハラスメント対策）を明記【労働施策総合推進法】
　ロ　パワーハラスメント防止対策の法制化【労働施策総合推進法】
　　(イ)　事業主に対して、パワーハラスメント防止のための雇用管理上の措置義務（相談体制の整備等）を新設
　　　　あわせて、措置の適切・有効な実施を図るための指針の根拠規定を整備
　　(ロ)　パワーハラスメントに関する労使紛争について、都道府県労働局長による紛争解決援助、紛争調整委員会による調停の対象とするとともに、措置義務等について履行確保のための規定を整備
　ハ　セクシュアルハラスメント等の防止対策の強化【男女雇用機会均等法、育児・介護休業法、労働施策総合推進法】
　　(イ)　セクシュアルハラスメント等に起因する問題に関する国、事業主及び労働者の責務の明確化
　　(ロ)　労働者が事業主にセクシュアルハラスメント等の相談をしたこと等を理由とする事業主による不利益取扱いを禁止
　　※　パワーハラスメント及びいわゆるマタニティハラスメントについても同様の規定を整備
(3)　施行期日
　公布日から起算して1年を超えない範囲内において政令で定める日（令和2年4月1日の予定）（ただし、(1)イ、ロの対象拡大は3年、(2)イは公布日。また、(2)ロ(イ)について、中小事業主は公布日から起算して3年を超えない範囲内において政令で定める日までは努力義務）

（資料出所）政府公表資料を修正のうえ使用。

1 女性活躍・ハラスメント規制法（関係五法の改正）の全体像は

図表12　中小事業主の定義

	資本金の額・出資の総額		常時雇用する労働者の数
小売業（飲食店を含む）	5,000万円以下	ま た は	50人以下
サービス業	5,000万円以下		100人以下
卸売業	1億円以下		100人以下
その他の業種	3億円以下		300人以下

第4章　まとめ

② 企業のハラスメント対応に関する就業規則・労使協定のモデル例は

☞ ポイント

　パワハラに関する就業規則規定例は、第2部第1章第4節（64頁以降）、また、ハラスメント全般についての就業規則規定例等は、同第2章第4節（104頁以降）に記載してあります。

（第1部の参考文献・資料）

① 　政府公表資料（関係法案要綱ほか）

② 　労働基準広報2019年4月1日号「特集　女性活躍推進法等の改正法案要綱の内容」企業通信社

③ 　「労基法等、最新労働法の改正と実務対応（第3部　女性活躍推進法の実務）」拙著、経営書院

第2部
企業の各種ハラスメント
防止措置と発生時の対応

はじめに

はじめに―5つのハラスメントとは

　ハラスメントというのは、当人の他者への言動により、法律で保護されているその他者の権利や利益を侵害することです。

　職場で問題となるハラスメントには、主に**図表1**のものがあります。

　これらについて、次の第1章から第3章で順を追って詳しく説明します。

　職場でセクハラ行為、パワハラ行為などを受けた被害従業員の中に

図表1　ハラスメントの種類・内容

名称	内容	法律等の根拠
1　パワハラ（パワーハラスメント）	同じ職場で働く者に対して、職務上の地位や人間関係などの職場内の優位性を背景に、いじめ、嫌がらせなど業務の適正な範囲を超えて、精神的・肉体的な苦痛を与える、または就業環境を悪化させる行為。	労働施策総合推進法
2　セクハラ（セクシュアルハラスメント）	性的な言動による他者の権利・利益の侵害。	・男女雇用機会均等法
3　マタハラ（マタニティハラスメント）	女性社員の妊娠・出産、育児休業、介護休業等が業務に支障をきたすとして、職場の上司や同僚等が退職を促すなどのいじめ、嫌がらせなどの言動をすること。	・育児・介護休業法 ・男女雇用機会均等法
4　パタハラ（パタニティハラスメント）	男性社員が育児参加を通じて自らの父性を発揮する権利や機会を、職場の上司や同僚などが侵害する言動に及ぶこと。 パタニティ（Paternity）は、英語で父性を意味する。	同上
5　LGBTハラスメントなど	その社員の性的指向・性自認に関する他の社員の言動による権利・利益の侵害その他のあらゆるハラスメント	労働施策総合推進法

34

はメンタル不調や精神疾患（うつ病、躁うつ病、パニック障害ほか）
になり、自殺や退職に追い込まれるケースも多くあることが知られて
います。

第1章　パワハラ

第1章　パワハラ

　パワハラとセクハラとは、同じくハラスメントであることから、企業がそれらの防止措置、発生時の相談・対応措置等を講じる場合に、共通する点が多くあります。

　しかも、セクハラについては、すでに、早くから均等法に規定され、「事業主が講ずべき措置についての指針」が定められています。

　「第2章　セクハラ」では、この指針に基づいて、具体的な対応のしかたの実施例について記述しています。

　したがって、企業がパワハラ対応策について検討する場合には、「第1章　パワハラ」とともに「第2章　セクハラ」の記述内容も参照してください。

第1節　パワハラとその該当行為、発生状況、裁判例等
―活力ある職場を目指し、パワハラ対策への積極的な取組みを

☞ ポイント

　パワハラとは、同じ職場で働く者に対する、職場における地位・権限や優位性を背景にした、上司・同僚等のいじめや嫌がらせ、暴行などの行為。

1　パワハラとは

　近年、同じ職場で働く者に対して、職場での地位・権限・優位性を

背景にした上司・同僚等からのいじめや嫌がらせ、暴行等を行う、いわゆるパワハラ（パワーハラスメント）が多数発生しています。

この状況に対応するため、2019年（令和元年）5月末に「女性活躍・ハラスメント規制法」が成立しました。

その中で用いられているパワハラの定義、内容については、以下の考え方がその基礎となっています。

厚生労働省の「職場のいじめ・嫌がらせ問題に関する円卓会議ワーキング・グループ報告」（平成24年1月30日）では、パワハラを次のように定義しています。

職場のパワーハラスメントとは、同じ職場で働く者に対して、職務上の地位や人間関係などの職場内の優位性を背景に、業務の適正な範囲を超えて、精神的・身体的苦痛を与える又は職場環境を悪化させる行為をいう。

パワハラという言葉は、上司から部下へのいじめ・嫌がらせを指して使われる場合が多いです。しかし、先輩・後輩間や同僚間、さらには部下から上司に対して行われるものもあります。

「業務上の指導との線引きが難しい」との指摘もあります。個人の受け取り方によっては、業務上必要な指示や注意・指導を不満に感じたりする場合でも、これらが業務上の適正な範囲内で行われている場合には、パワハラには当たらないことになります。

2　どのような行為がパワハラに該当するか

前述のワーキンググループ報告では、「職場のパワハラ」を**図表2**のように行為類型しています。

ただし、これらは職場のパワハラに当たりうる行為のすべてを網羅するものではなく、これらだけが問題であるわけではないことに留意する必要があります。

パワハラになるかどうかの判断の手順は、**図表3**のとおりです。

図表2　職場におけるパワーハラスメントの行為類型

1	身体的な攻撃	暴行・傷害	4	過大な要求	業務上明らかに不要なことや遂行不可能なことの強制、仕事の妨害
2	精神的な攻撃	脅迫・名誉棄損・侮辱・ひどい暴言	5	過小な要求	業務上の合理性なく、能力や経験とかけ離れた程度の低い仕事を命じる、仕事を与えない
3	人間関係からの切り離し	隔離・仲間外し・無視	6	個の侵害	私的なことに過度に立ち入る

【考え方】
1は、業務の遂行に関係するものでも「業務の適正な範囲」に含まれません。
2と3は、原則として「業務の適正な範囲」を超えると考えられます。
4～6は、何が「業務の適正な範囲」を超えるかは業種や企業文化の影響を受け、具体的な判断も、行為が行われた状況や行為が継続的であるかどうかによって左右される部分があるため、各企業・職場で認識をそろえ、その範囲を明確にすることが望ましいです。
(資料出所) 平成24年1月「職場のいじめ・嫌がらせ問題に関する円卓会議ワーキング・グループ報告」より

図表3　パワハラになるかどうかの判断の手順

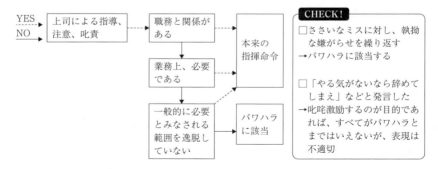

3 パワハラの実態は

　厚生労働省が、平成28年度について行った職場のパワハラに関する実態調査（以下「実態調査」）の結果は以下のとおりです。

　それによれば、企業調査では、過去３年間に47.6％もの企業でパワハラに関する相談があり、そのうちの68.3％に実際にパワハラに該当する事案がありました（**図表４**）。

　一方、従業員調査では、過去３年間にパワハラを受けたことがあると回答した人は回答者全体の32.5％でした（**図表５**）。

　この従業員調査で、パワハラを受けた従業員がその後どのような対応をしたかを質問したところ、40.9％が「何もしなかった」、また、12.9％が「会社を退職した」と回答しています（**図表６**）。

　このように職場のパワハラは、一部の企業や労働者だけの問題ではなく、どの企業、どの労働者も関係する可能性のある問題といえます。

図表４　パワハラの実態調査より（企業における過去３年間の相談件数（左）、企業における過去３年間のパワハラ該当件数（右））

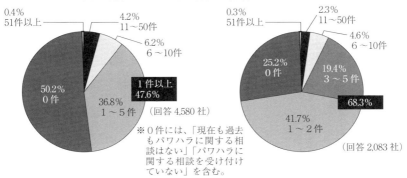

（資料出所）厚生労働省、平成28年度「職場のパワーハラスメントに関する実態調査報告書」

第1章 パワハラ

図表5 従業員の過去3年間のパワーハラスメントについての経験の有無

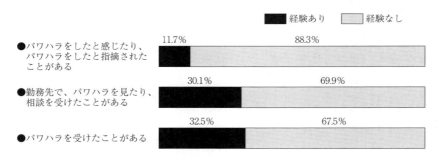

図表6 パワーハラスメントを受けた従業員の対応（％）
（過去3年間にパワーハラスメントを受けたことのある者：3,250人）

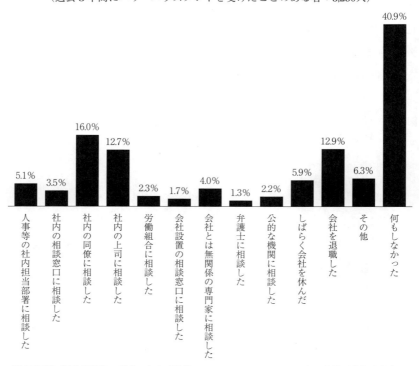

（資料出所）厚生労働省、平成28年度「職場のパワーハラスメントに関する実態調査報告書」

2 都道府県労働局の個別労働紛争解決制度におけるパワハラの取扱い・労災補償の状況は

2 都道府県労働局の個別労働紛争解決制度における パワハラの取扱い・労災補償の状況は

☞ポイント

すべての紛争解決制度において「いじめ・嫌がらせ」が取扱件数のトップ。

1 個別労働紛争解決制度におけるパワハラの取扱状況

厚生労働省は、令和元年6月26日に、「平成30年度個別労働紛争解決制度の施行状況」をとりまとめ、公表しました。

この「個別労働紛争解決制度」とは、個々の労働者と事業主との間の労働条件や職場環境などをめぐるトラブルを未然に防止し、早期に解決を図るための制度で、①「総合労働相談」、②労働局長による「助言・指導」、③紛争調整委員会による「あっせん」——の3つの方法があります。

平成30年度における総合労働相談件数、助言・指導申出の件数、あっせんの申請の件数は、いずれも前年度よりも増加となっています。

具体的には、総合労働相談件数は、111万7983件となり、11年連続で100万件を超えました（**図表7**）。

このうち、民事上の個別労働紛争相談件数は26万6535件となっています。

助言・指導申出の件数は、9835件、あっせん申請の件数は、5201件となりました。

また、民事上の個別労働紛争の相談件数、助言・指導の申出件数、あっせん申請の件数の全てで、「いじめ・嫌がらせ」が過去最高の8万2797件となり、助言・指導の申出件数では、2599件、あっせん申請は、1808件となっています。

41

第1章 パワハラ

　民事上の個別労働紛争の相談件数では、「いじめ・嫌がらせ」に次いで、自己都合退職（4万1258件）、解雇（3万2614件）となっています（**図表8**）。

2　パワハラによる精神障害についての労災補償の状況

　さらに、職場での（ひどい）嫌がらせ、いじめ、暴行や職場内のトラブルにより、うつ病等の精神疾患を発病し、労災保険による各種補償給付を受けるケースも増えています（**図表9**）。

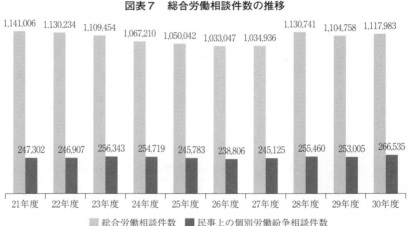

図表7　総合労働相談件数の推移

（資料出所）厚生労働省「平成30年度個別労働紛争解決制度の施行状況」図表8も同じ。

② 都道府県労働局の個別労働紛争解決制度におけるパワハラの取扱い・労災補償の状況は

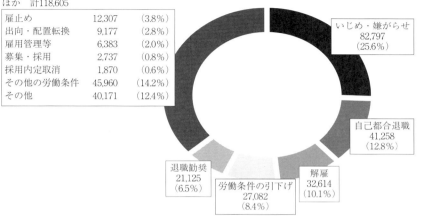

図表8　民事上の個別労働紛争　相談内容別の件数

ほか　計118,605

雇止め	12,307	(3.8%)
出向・配置転換	9,177	(2.8%)
雇用管理等	6,383	(2.0%)
募集・採用	2,737	(0.8%)
採用内定取消	1,870	(0.6%)
その他の労働条件	45,960	(14.2%)
その他	40,171	(12.4%)

いじめ・嫌がらせ　82,797（25.6%）
自己都合退職　41,258（12.8%）
解雇　32,614（10.1%）
労働条件の引下げ　27,082（8.4%）
退職勧奨　21,125（6.5%）

※　%は相談内容の全体（内訳延べ合計件数）に占める割合。合計値は、四捨五入による端数処理の関係で100%にならないことがある。なお、内訳延べ合計件数は、1回の相談において複数の内容にまたがる相談が行われた場合には、複数の相談内容を件数として計上したもの。

図表9　パワハラによる精神障害についての労災補償給付の推移

	H22年度	H23年度	H24年度	H25年度	H26年度	H27年度	H28年度
精神障害の労災補償の支給決定件数全体	308件	325件	475件	436件	497件	472件	498件
（ひどい）嫌がらせ、いじめ、又は暴行を受けた	39件	40件	55件	55件	69件	60件	74件
上司とのトラブルがあった	17件	16件	35件	17件	21件	21件	24件
同僚とのトラブルがあった	0件	2件	2件	3件	2件	2件	0件
部下とのトラブルがあった	1件	2件	4件	3件	0件	1件	1件
達成困難なノルマが課された	6件	6件	3件	6件	5件	4件	3件

（資料出所）厚生労働省「脳・心臓疾患と精神障害の労災補償状況」

第1章　パワハラ

③　個別パワハラ事案についての裁判例は

☞ポイント

　いじめ・嫌がらせの防止措置を講じない事業主は、安全配慮義務（就労環境整備義務）不履行であるとする判例が出されている。

　近年、いじめ・嫌がらせ等、パワハラに関する訴訟の増加もうかがわれ、判決でも「いじめ・嫌がらせ」という言葉が使用される例が見られます。職場のいじめ・嫌がらせ等によるメンタルヘルス不調に関して、事業者や上司に対して、安全配慮義務（就労環境整備義務）不履行、不法行為責任等による損害賠償の支払義務が認められた判例には、**図表10**、11のようなものがあります。

図表10　【川崎水道局（いじめ自殺）事件＝横浜地川崎支判平14・6・27労判833・
　　　　61】（高裁で控訴が棄却された後、確定した）

---

①　事実関係
　新たに配属された労働者に対して、職場の同僚が、本人の能力を揶揄したり、性的な話題などで日常的にからかったり、労働者の親が事業者に所有地を貸さなかったことに対して本人を非難するような発言をした。
　労働者本人がストレスから休みがちとなった。（後にいじめを行った同僚の昇進についての情報を得たことをきっかけとして自殺未遂を繰り返す。）
　事業者はいじめの有無について調査したが最終的な確認には至らなかった。また、労働者からの人事異動の希望が出されたが、当初は「休んでいるので難しい」と回答し、その後主治医の診断書を受けて人事異動させた。
　本人は新しい職場に出勤したが、その2日後に自殺した。
②　裁判所の判断
　事業者は、いじめ・嫌がらせは存在せず、被害者の関係妄想、被害妄想が生じた結果に過ぎないと主張したが、裁判所は詳細に証拠を分析し、この主張を退けた。また、いじめによって心理的苦痛を蓄積した者が、心因反応を含む何らかの精神疾患を生じることは社会通念上認められるなどとして、いじめと自殺の因果関係を肯定した。
　また、裁判所は、事業者は労働者の管理者的立場に立って、職務行為から生じる一切の危険から労働者を保護すべき責務を負うとした上で、労働者の安全の確保のためには、ほかの労働者からもたらされる生命、身体等に対する危険についても、加害行為を防止するとともに、生命、身体等への危険から労働者の安全を確保して被害発生を防止すべき注意義務（安全配慮義務）があるとして、事業者の責任（不法行為責任）を認めた。

44

③　個別パワハラ事案についての裁判例は

図表11　【A保険会社上司（損害賠償）事件＝東京高判平17・4・20労判914・82】
　　　　　（上告されたが最高裁は不受理とした）

①　事実関係
　職場の上司が部下に対し、「やる気がないなら、会社を辞めるべきだと思います。当SC（注）にとっても、会社にとっても損失そのものです」「あなたの給料で業務職が何人雇えると思いますか。あなたの仕事なら業務職でも数倍の実績を上げますよ。これ以上、当SCに迷惑をかけないで下さい。」というメールを送信し、同じ職場の職員十数名にも送信した。
②　裁判所の判断
　裁判所は、メール中に退職勧告とも取れる表現や、人の気持ちを逆撫でする侮辱的な表現があり、これを一本人だけでなく職場の同僚十数名にも送信したことは、本人の名誉感情をいたずらに毀損するものであり、叱咤督促しようとした目的が正当であったとしても、表現が許容限度を超え著しく相当性を欠き不法行為を構成するとした。
　また、裁判所は、上司のメールを送付した目的は部下の指導であり是認できるが、部下は名誉感情を損なわれたとし、上司に対し不法行為による損害賠償責任を認めた。
注：SC＝被災者の所属部署

第1章　パワハラ

４ 職場においてパワハラ問題に取り組む必要性は

☞ポイント

パワハラによる企業の損失は甚大―予防・解決を。

1　企業へ与える甚大な損害

パワハラが企業にもたらす損失は、想像以上に大きいといえます。

パワハラを受けた人にとっては、人格を傷つけられ、仕事への意欲や自信を失い、さらに心の健康の悪化にもつながり、休職や退職に至る場合すらあります。（注）

周囲の人たちにとっても、パワハラを見聞きすることで仕事への意欲が低下し、職場全体の生産性にも悪影響を及ぼしかねません。

パワハラを行った人も、職場の業績の悪化や社内での自身の信用の低下をもたらし、さらには懲戒処分や訴訟のリスクを抱えることにもなります。

企業としても、これを放置すると、裁判で使用者としての責任を問われることもあり、企業のイメージダウンにもつながりかねません。

パワハラ問題に取り組み、１人ひとりの尊厳や人格が尊重される職場づくりをすることは、職場の活力につながり、仕事に対する意欲や職場全体の生産性の向上にも貢献することになります。

（注）職場のいじめを受けているグループは、受けていないグループに比べて心理的ストレス反応リスクが４倍から５倍、心的外傷後ストレス障害（PTSD）症状の発生リスクが８倍も高いという研究結果もあります（津野香奈美ほか「労働者における職場のいじめの測定方法の開発とその実態、健康影響および関係要因に関する調査研究」）。

2　しかし、企業のパワハラへの取組みは低調

前記の実態調査によると、回答企業全体の82％が「パワー・ハラス

4 職場においてパワハラ問題に取り組む必要性は

メントの予防・解決は経営上の課題として重要」だと感じていますが、実際に予防・解決に向けた取組みをしている企業は52.2％にとどまっています。特に、従業員99人以下の企業においては、26.0％と3割を下回っている状況です（**図表12**）。

図表12　企業のパワハラへの取組み

(回答 4,587 社)

（資料出所）厚生労働省、平成28年度「職場のパワーハラスメントに関する実態調査報告書」

第1章　パワハラ

5　どのような職場でパワハラが発生しやすいか

☞ポイント

　残業が多い、上司と部下のコミュニケーションが悪いなどの職場。

1　共通する特徴は

　パワハラが発生している職場の特徴については、企業調査、従業員調査ともに同様の傾向が示されています。特に、「残業が多い／休みが取りにくい」、「上司と部下のコミュニケーションが少ない」、「失敗が許されない／失敗への許容度が低い」については、パワハラの経験の有無によって回答割合の差が大きく、こうした特徴がパワハラが発生する職場に共通して見られるものと考えられます（**図表13**）。

図表13　パワーハラスメントに関する相談がある職場に共通する特徴（抜粋）

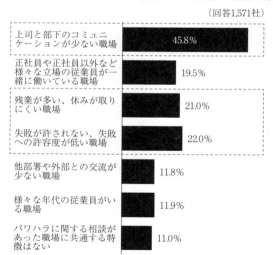

（資料出所）厚生労働省、平成28年度「職場のパワーハラスメントに関する実態調査報告書」

2 企業が行っている対策は、管理職研修、就業規則の規定の追加など

パワハラの予防・解決に向けた取組みとして実際に企業での実施率が高いのは、「相談窓口を設置した」(82.9％)「管理職向けの講演や研修会」(63.4％) で実施され、「就業規則などの社内規定に盛り込む」(61.1％) が続いています (**図表14**)。

図表14 職場で実施率が高い取組み (抜粋)

- 相談窓口を設置した　82.9％
- 管理職を対象にパワーハラスメントについての講演や研修会を実施した　63.4％
- 就業規則などの社内規定に盛り込んだ　61.1％
- 一般社員等を対象にパワーハラスメントについての講演や研修会を実施した　41.2％
- ポスター・リーフレット等啓発資料を配付または掲示した　34.9％
- トップの宣言、会社の方針 (CSR宣言など) に定めた　34.9％
- アンケート等で、社内の実態把握を行った　28.3％
- 職場におけるコミュニケーション活性化等に関する研修・講習等を実施した　22.4％

(資料出所) 厚生労働省、平成28年度「職場のパワーハラスメントに関する実態調査報告書」

第1章　パワハラ

第2節　パワハラの予防策、発生時の解決策
　　　―セクハラと同様に、トップの方針の明確化や懲戒処分規定
　　　　を定めるなどで予防が重要

１　職場におけるパワハラの予防策は

☞ ポイント

セクハラの場合とほぼ同じ。

１　企業・労働組合のパワハラ予防対策の実態は

　職場のパワハラ（パワーハラスメント）は、いったん事案が発生してしまうと、その解決に時間と労力を要します。まずは問題が発生しないように、予防対策を講じることが重要です。

　職場のパワハラを予防・解決するための取組みには、企業が単独で行っているもの、企業と労働組合が共同で行っているもの、労働組合が単独で行っているもの等さまざまなケースがあります。

　厚生労働省が平成28年度に実施した職場のパワハラに関する実態調査によると、実際に企業での実施率が高いのは、「相談窓口を設置した」で、取組実施企業の82.9％で実施され、その次に、「管理職向けの講演や研修会」（63.4％）が続いています（**図表15**）。

[1] 職場におけるパワハラの予防策は

図表15 パワーハラスメントの予防・解決のために実施した取組み

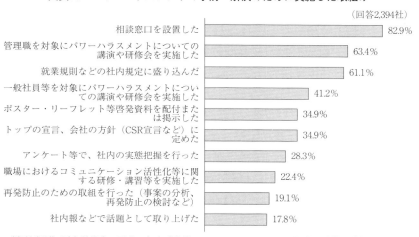

（資料出所）厚生労働省、平成28年度「職場のパワーハラスメントに関する実態調査報告書」

2 企業・労働組合の必要なパワハラ予防対策は

　企業・労働組合が共同で取り組む場合は、お互いの話し合いの場を設置したり、すでにある話し合いの場を活用したりする等の方法があります。また、労働組合は、自らも相談窓口を設置したり、周知・啓発を行ったりするとともに、企業に対して対策に取り組むよう働きかけを行うことが望まれます。

　企業によって、職場のパワハラの実態はさまざまですから、その対策にも決まった正解はありません。そのため、取組みにあたる際には、セクハラ（セクシュアル・ハラスメント）対策等の既存の枠組みを活用するといった、それぞれの職場の状況に即した形で、できることから始めて充実させていく努力が重要となります。

　厚生労働省の「職場のいじめ・嫌がらせ問題に関する円卓会議ワーキング・グループ報告」では、主な予防対策として、

　①　企業トップのメッセージの発信
　②　ルールを決める

第1章　パワハラ

③　実態を把握する

④　役職員に教育・研修をする

⑤　職場に周知する

——の5つを挙げています。

3　「①　企業トップのメッセージの発信」とは

　まず企業として、「職場のパワーハラスメントはなくすべきものである」という基本方針を明確に打ち出します。組織としての基本方針の明確化は、相手の人格を認め、尊重し合いながら仕事を進める意識を育むことにつながります。職場の1人ひとりがこうした意識を持つことこそが、対策を真に実効性のあるものとするカギとなります。

　さらに、組織の基本方針が明確になれば、パワハラを受けた従業員やその周囲の従業員も、問題の指摘や解消に関して発言がしやすくなり、その結果、取組みの効果がより期待できるようになると考えられます。

4　「②　ルールを決める」とは

　就業規則その他の職場の服務規律等を定めた文書において、パワハラ行為を行った者については厳正に処分する旨の方針および懲戒規定等の対処方針を定めます。この場合、パワハラの防止に関し、より詳しく定めたい場合は、就業規則に委任の根拠規定を設け、これに基づいたパワハラ防止規程を定めることも有効です。

　また、職場のパワハラ防止について「労使協定」を締結し、労使が協力して取り組んでいる例もあります。

5　「③　実態を把握する」とは

　職場のパワハラ防止を効果的に進めるため、職場の実態を把握するためのアンケート調査の実施等が有効です。アンケート調査は、パワ

ハラの有無の把握だけではなく、パワハラについて職場で話題にしたり、働きやすい職場環境づくりについて考える貴重な機会にもなります。

6 「④ 役職員に教育・研修をする」とは

予防対策として最も一般的で効果も大きいと考えられる方法が、役職員についての教育・研修の実施です。教育・研修は、大きく分けて、従業員を直接指揮監督する管理監督者向けの研修と、広く従業員の気づきを促す一般従業員向けの研修などがありますが、企業の実態に合わせて効果的に実施するとよいでしょう。また、教育・研修は、繰り返し、定期的に行うと効果があるといわれています。

7 「⑤ 職場に周知する」とは

職場のパワハラの防止に向けて、組織の基本方針、ルール等とともに、相談窓口その他の取組みについて、組織内で共有される情報媒体（情報誌やウェブサイト、ポスターなどの掲示物等）や会合等あらゆる機会を通じて従業員に対し周知・啓発を行うことにより、パワハラ防止に向けた意識を従業員全体に浸透させることが望まれます。

第1章　パワハラ

② 職場で発生した個別のパワハラ事案を解決するために、どのような対応が必要か

☞ポイント

相談や解決の場を設けることなど。

　職場で発生したパワハラ事案を解決するためには、どのような体制が必要で、どのように対応すべきなのでしょうか。

　「職場のいじめ・嫌がらせ問題に関する円卓会議ワーキング・グループ報告」では、

　① 「相談や解決の場を設置する」ことと、

　② 「再発を防止する」

——ことが必要であるとしています。相談・苦情への対応の流れを**図表16**に示します。

1 「① 相談や解決の場を設置する」とは

(1) 「相談窓口の設置」

　職場のパワハラ事案は、それが発生したときの対策のみならず、未然の防止対策が重要です。そのためには、企業内・外の相談・苦情を受け付ける窓口（相談窓口）を明確にし、従業員が気軽に苦情の申出や相談ができる体制を整えるとともに、相談・苦情に適切かつ柔軟に対応することが必要です。事案によっては解決のために専門家の協力が必要な場合もあります。例えば、産業カウンセラーやメンタルヘルス相談の専門機関や弁護士事務所と連携することも考えられます。

(2) 「対策委員会等の設置」

　相談窓口での対応で、その解決が困難な場合や事案の内容が重大と判断される場合には、事実関係の調査を行い、その実態を正確、かつ、公平に把握したうえで、パワハラ対策委員会等（苦情処理機関）によ

54

2 職場で発生した個別のパワハラ事案を解決するために、どのような対応が必要か

図表16 パワハラ事案についての相談・苦情への対応の流れの例

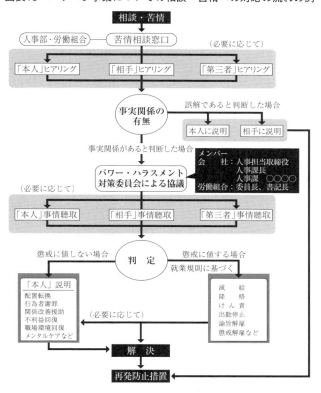

り、問題の解決を図ります。

2 「② 再発防止」のための取組みとは

　問題解決後の相談者へのフォロー、職場全体としての再発防止の取組みも重要です。発生した事案を特別なものとしてとらえるのではなく、職場全体の問題としてとらえ、基本方針の再確認、再発防止に必要な体制の見直し、従業員への周知、研修の実施等再発防止のための対策を行い、職場環境の改善に努めます。

　例えば、改めて「職場のパワハラはあってはならない」という基本方針や「行為者については厳正に処分する」ことを社内報や社内ホー

第1章　パワハラ

ムページ等で広報・啓発する、研修、講習等を実施する等です。

3　効果があると実感できる取組みは

　パワハラの予防・解決のために実施している取組みのうち、効果を実感している取組みは、「管理職を対象に講演や研修会を実施した」、「一般社員を対象に講演や研修会を実施した」、「相談窓口を設置した」、「再発防止のための取組を行った」、「アンケート等で、社内の実態把握を行った」、「職場におけるコミュニケーション活性化等に関する研修・講習会を実施した」等の順となっており、管理職や一般社員に直接働きかける取組みにおいて比率が高くなっています（**図表17**）。

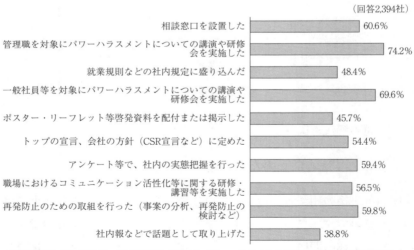

図表17　実施している取組みのうち、効果があると実感できたもの

（回答2,394社）

取組み	割合
相談窓口を設置した	60.6%
管理職を対象にパワーハラスメントについての講演や研修会を実施した	74.2%
就業規則などの社内規定に盛り込んだ	48.4%
一般社員等を対象にパワーハラスメントについての講演や研修会を実施した	69.6%
ポスター・リーフレット等啓発資料を配付または掲示した	45.7%
トップの宣言、会社の方針（CSR宣言など）に定めた	54.4%
アンケート等で、社内の実態把握を行った	59.4%
職場におけるコミュニケーション活性化等に関する研修・講習等を実施した	56.5%
再発防止のための取組を行った（事案の分析、再発防止の検討など）	59.8%
社内報などで話題として取り上げた	38.8%

（資料出所）厚生労働省、平成28年度「職場のパワーハラスメントに関する実態調査報告書」

³ 職場におけるパワハラの予防・解決のポイントは

③ 職場におけるパワハラの予防・解決のポイントは

☞ ポイント

企業全体の制度の整備、職場環境の改善など。

職場のパワハラの予防・解決への取組みにあたっては、

① 企業全体の制度の整備

② 職場環境の改善

③ 職場におけるパワハラの理解促進

——の３点を意識して進めることが重要であると考えられます。

1 企業全体の制度整備とは

相談窓口を設置するだけでなく、相談窓口が活用され、解決につながるアクションを促すような仕組み作りもしていく必要があります。さらに、パワハラに関する研修制度や就業規則などの社内規定にパワハラ対策を盛り込むこと等、総合的な取組みをしていくことが重要です。

2 職場環境の改善とは

パワハラの実態を把握し、解決につながるアクションを促すためには、上位者がパワハラについて理解した上で、職場のコミュニケーションを円滑にすることにより、パワハラが生じにくく、誰もが相談しやすい職場環境を作り出すことが重要です。

また、職場における働き方についても、労使で十分話し合って、労働時間や業務上の負荷によりストレスが集中することのないように配慮することも、パワハラをなくすことにつながると考えられます。

57

第1章　パワハラ

3　職場におけるパワハラへの理解促進とは

　各企業は、自社の状況を踏まえ、労使の話し合いのもと、会社としてのパワハラについての考え方を明確にし、職場においてパワハラの予防一解決への意識啓発を進めていくことで、パワハラかどうかの判断やパワハラとはいえない相談への対応といった課題の解決に近づくことが期待されます。

　パワハラの予防・解決への取組みを進め、従業員の関心が高まることで、一時的にはパワハラの相談が増えることも予想されますが、しっかりと相談を受ける中で、各種取組みの効果が現れ、将来的には、パワハラをなくすことにつながると考えられます。

① パワハラ被害についての相談がうまくいったケースのポイントは

第3節　パワハラ被害相談の良い例・悪い例、パワハラ規程例
―相談者の話を十分に聴くなどで、信頼関係が生まれ、相談対応がスムーズに

---

① パワハラ被害についての相談がうまくいったケースのポイントは

☞ポイント

相談者の話を「ゆっくり時間をかけて聴くこと」など。

パワハラの相談対応の際に大切なことは、相談者の話を「ゆっくり時間をかけて聴く」ことです。相談者が「話を十分に聴いてもらった」と納得できると、相談担当者（カウンセラー）との間に信頼関係が生まれ、結果として相談対応がうまくいきます。

また、相談者が何を望んでいるのかを十分に確認できた場合や、事案の解決に向けてどのような手段を選択するかについて相談者の意向を尊重することができた場合は、相談者は自分の求めている解決方法が実際の対応策に反映されているため、不満を感じることがなく、結果として相談対応がうまくいきます。

1　事例1……相談担当者が十分に相談者の話を聴く

相談者は会社が契約している外部相談窓口に、「業績不振であるため上司がいつもイライラしており、感情的に怒鳴るため、職場の雰囲気が悪い。みんながビクビクしているので、生産性も上がらない」、と相談しました。相談者はカウンセラーに十分話を聴いてもらい、自分の気持ちを整理することができた結果、ハラスメント防止研修実施など会社全体でハラスメント防止に取り組むことを会社に求めました。

その相談者の意向をきちんと受け止めた会社の担当部門が、会社のハラスメント防止への取組みの基本方針を周知し、従業員を対象にハ

59

第1章　パワハラ

ラスメント防止研修を行うなど、再発防止に取り組みました。

2　事例2……専門家のアドバイスをもらって、対処した

「上司からのたび重なる厳しい叱責や他の社員の前で罵倒するなどの行為により精神的に追い込まれている」という相談に対し、相談担当者は相談者の了解を得て、相談内容を人事部門に報告しました。報告を受けた人事部門は、行為者がかなり高い地位にあることもあり、対応に迷い、外部の専門機関に相談し、行為者に対するヒアリングの留意点・対応手順等についてアドバイスを受けた後、行為者に対応しました。

3　事例3……相談者の意向を尊重して、改善策を実施した

「上司がたびたび暴言を吐いたり、個々の従業員の私的なことに過度に立ち入る」という相談を受けたハラスメント防止委員会が、「今後、同じ職場では一緒に働けない」という相談者の意向を尊重し、人事部門と協議しました。

その結果、精神的にダメージを受けている相談者を一時休職にさせるとともに、行為者の懲戒処分を行い、本人の了解のもと相談者の配置転換を行いました。その後、相談者は新しい職場に復職し、元気に働き続けています。

② パワハラ被害についての相談がうまくいかなかったケースのポイントは

☞ポイント

相談者と相談担当者との間に信頼関係が築けなかった場合など。

相談者と相談担当者の間に信頼関係が構築されない場合は、相談者が困っている内容や自分の気持ちを十分に話すことができずに、結果として相談対応がうまくいきません。

また、相談者が何を望んでいるのかを十分に確認しなかった（できなかった）場合や、事案の解決に向けてどのような手段を選択するかについて相談担当者の考えを一方的に押し付けたり、強引に説得したりした場合は、相談者は自分の求めている解決結果に至らないため、不満を感じ、結果として相談対応がうまくいきません。

1　事例1……相談担当者が十分に相談者の話を聴かない

従業員が複数名で「勤務シフトの組み替えを公平にしてほしい、パワハラのない職場環境に改善してほしい」旨を会社に申し立てました。人事・労務担当者は、申立てを行った従業員達および行為者とされた者からそれぞれ1回ずつヒアリングしたのみで、対応を終了してしまいました。申立てを行った従業員たちにしてみれば、十分に話を聴いてもらえなかったという気持ちが強く、その後に会社から示された報告書にも納得がいかず、事態が悪化してしまいました。

2　事例2……相談担当者が相談者の了解を取らないで行為者等にヒアリングを行った

「上司に無視され、仕事を妨害される」という相談に対し、相談担当者が相談者の了解を得ずに行為者や第三者にヒアリングを行ってし

まいました。第三者からこの事実を知った相談者は大変ショックを受け、その後、相談担当者に信頼をおけなくなり、自分の気持ちをきちんと伝えられなくなってしまいました。このケースでは、相談担当者が信頼を得られなくなったために、結果として問題がこじれてしまいました。

3 事例3……パワハラ被害の相談を真摯に受け止めない

上司（課長）の厳しい指導について部下の従業員から相談を受けた部長が、行為者をかばい、「課長は、君のために指導しているのであって、君の我慢が足りないのではないか、君ももう少し仕事を頑張れないのか」と発言しました。

部長にやっとの思いで相談した相談者は、部長の発言に大変傷つき、会社に相談しても仕方ないと諦めて、その後、会社を辞めてしまいました。

4 約70％の企業が社内に相談窓口を設置

厚生労働省が平成28年度に実施した職場のパワハラに関する実態調査によると、相談窓口を「社内に設置」している企業は70.9％あり、「会社とは独立した外部の組織に委託している」企業は25.9％、「設置していない」企業は25.2％となっています（**図表18**）。

パワハラに関する相談の社外の委託先（専門機関）としては、例えば、

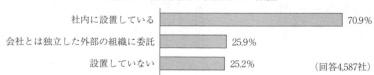

図表18　従業員向け相談窓口の設置

（資料出所）平成28年度「職場のパワーハラスメントに関する実態調査報告書」

「公益財団法人21世紀職業財団」（TEL：03－5844－1660）、

「一般社団法人日本産業カウンセラー協会」（TEL：03－3438－4568）、

「株式会社クオレ・シー・キューブ」（TEL：03－5273－2300、会長の岡田氏は「パワハラ」の名付け親と言われています）

――等があります。

　年間委託費用等の詳細については、それぞれの機関に直接問い合わせてください。

第1章　パワハラ

第4節　パワハラに関する就業規則・労使協定例

1　就業規則（本則）にパワハラの禁止を定める場合の規定例は

☞ **ポイント**

以下の規定例を参照されたい。

1　就業規則（本則）中の規定例は

就業規則（本則）中に、パワハラの禁止規定を定め、併せて懲戒規定と連動して適用する際の規定例は、**図表19**のとおりです。

就業規則（本則）に、別規程に委任する旨の根拠規定を定め、これ

図表19　就業規則（本則）の規定例

（職場のパワーハラスメントの禁止）
第○○条　従業員は、職務上の地位や人間関係などの職場内の優位性を背景にした、業務の適正な範囲を超える言動により、他の従業員に精神的・身体的な苦痛を与えたり、就業環境を害するようなことをしてはならない。
（懲戒処分の種類）
第○△条　会社は、従業員が次条のいずれかに該当する場合は、その情状に応じ、次の区分により懲戒処分を行う。
　　（略）
（懲戒処分の事由）
第□□条　従業員が、次のいずれかに該当するときは、情状に応じ、けん責、減給又は出勤停止とする。
　　（略）
　⑥　第○○条に違反したとき
2　従業員が次のいずれかに該当するときは、懲戒解雇とする。ただし、平素の服務態度その他情状によっては、第△△条に定める普通解雇、前条に定める減給又は出勤停止とすることがある。
　　（略）
　⑩　第○○条に違反し、その情状が悪質と認められるとき

64

1 就業規則（本則）にパワハラの禁止を定める場合の規定例は

に基づいた別規程を定める方法もあります。この場合、別規程も就業
規則に含まれます。

就業規則（本則）と別規程の例は、**図表20、21**のとおりです。

図表20　就業規則（本則）のハラスメント防止規程への委任の根拠規定例

【就業規則（本則）】
（ハラスメントの禁止）
第□□条　ハラスメントについては、第○○条（服務規律・企業秩序維持）及び
　　第△△条（懲戒処分）に定めるほか、詳細は「ハラスメントの防止に関する規
　　程」により別に定める。

図表21　パワハラに関する別規程例

パワーハラスメントの防止に関する規程

（目的）
第1条　この規程は、就業規則（本則）第□□条に基づき、職場におけるハラス
　　メントを防止するために従業員が順守すべき事項及び雇用管理上の措置につい
　　て定めることを目的とする。
（定義）
第2条　この規程においてハラスメントとは、同じ職場で働く者に対して、職務
　　上の地位や人間関係などの職場内の優位性を背景に、業務の適正な範囲を超え
　　て、精神的・身体的苦痛を与える又は職場環境を悪化させる行為をいう。
2　前項の「職務上の地位や人間関係などの職場内の優位性を背景に」とは、直
　　属の上司はもちろんのこと、直属の上司以外であっても、先輩・後輩関係など
　　の人間関係により、相手に対して実質的に影響力を持つ場合のほか、キャリア
　　や技能に差のある同僚や部下が実質的に影響力を持つ場合を含むものとする。
3　第1項の「職場」とは、勤務部署のみならず、従業員が業務を遂行するすべ
　　ての場所をいい、また、就業時間内に限らず実質的に職場の延長とみなされる
　　就業時間外を含むものとする。
4　この規程の適用を受ける従業員には、正社員のみならず、パートタイム労働者、
　　契約社員等名称のいかんを問わず会社に雇用されているすべての労働者及び受
　　け入れ使用している派遣労働者を含むものとする。
（禁止行為）
第3条　前条第1項の規定に該当する行為は、これを禁止する。
2　上司は、部下である従業員がパワーハラスメントを受けている事実を認めな
　　がら、これを黙認する行為をしてはならない。
（懲戒処分）
第4条　前条に定める禁止行為に該当する事実が認められた場合は、就業規則第
　　○○条及び第△△条に基づき懲戒処分の対象とする。

第1章　パワハラ

（相談及び苦情への対応）

第5条　パワーハラスメントに関する相談及び苦情の相談窓口は本社及び各事業場で設けることとし、その責任者は人事部長とする。人事部長は、窓口担当者の名前を人事異動等の変更の都度、社内に周知するとともに、担当者に対する対応マニュアルの作成及び対応に必要な研修を行うものとする。

2　パワーハラスメントの被害者に限らず、すべての従業員はパワーハラスメントに関する相談及び苦情を窓口担当者に申し出ることができる。

3　相談窓口担当者は、前項の申し出を受けたときは、対応マニュアルに沿い、相談者からの事実確認の後、本社においては人事部長へ、各事業場においては所属長へ報告する。人事部長又は所属長は、報告に基づき、相談者のプライバシーに配慮した上で、必要に応じて行為者、被害者、上司並びに他の従業員等に事実関係を聴取する。

4　前項の聴取を求められた従業員は、正当な理由なくこれを拒むことはできない。

5　所属長は、対応マニュアルに基づき人事部長に事実関係を報告し、人事部長は、問題解決のための措置として、前条による懲戒処分のほか、行為者の人事異動等被害者の労働条件及び就業環境を改善するために必要な措置を講じる。

6　相談及び苦情への対応に当たっては、関係者のプライバシーは保護されるとともに、相談をしたこと、又は事実関係の確認に協力したこと等を理由として不利益な取扱いは行わない。

（再発防止の義務）

第6条　人事部長は、パワーハラスメントが生じたときは、職場におけるパワーハラスメントがあってはならない旨の会社の基本方針及びその行為者については厳正に対処する旨の方針について、再度、社内に周知徹底を図るとともに、事案発生の原因の分析、研修の実施等、適切な再発防止策を講じなければならない。

附則　この規程は令和○○年○○月○○日から実施する。

なお、ハラスメント全般（パワハラ、セクハラ、マタニティハラスメント、LGBTハラスメント等）について1つの「ハラスメント防止対策規程」で定める例については、第2章第4節（104頁以降）に記載してありますので、これもあわせて参照してください。

2　労使協定の文例は

企業と労働組合（労働組合がない場合は、労働者の過半数を代表する者）との間で、パワハラの防止に関する労使協定を締結し、労使が協力して取り組むことは、職場のパワハラを防止する上で大きな効果

①　就業規則（本則）にパワハラの禁止を定める場合の規定例は

が期待できます。

　労使協定例は**図表22**のとおりです。

図表22　労使協定例

パワーハラスメント防止に関する労使協定書
　株式会社○○（以下「会社」という。）と○○労働組合（以下「組合」という。）
は、パワーハラスメントの防止に関し、次のとおり協定する。
（目的）
第1条　会社及び組合は、パワーハラスメントの問題を認識し、労使協力してその行為を防止し、パワーハラスメントのない快適な職場環境の実現に努力する。
（定義）
第2条　この協定において、職場のパワーハラスメントとは、同じ職場で働く者に対して、職務上の地位や人間関係などの職場内の優位性を背景に、業務の適正な範囲を超えて、精神的・身体的苦痛を与える又は職場環境を悪化させる行為をいい、会社及び組合は、その防止に努めるものとする。
（パワーハラスメントの禁止）
第3条　従業員は、いかなる場合においても、以下に掲げる事項に該当するパワーハラスメント行為を行ってはならない。
　①　暴行・傷害等身体的な攻撃を行うこと
　②　脅迫・名誉毀損・侮辱・ひどい暴言等精神的な攻撃を行うこと
　③　隔離・仲間外し・無視等人間関係からの切り離しを行うこと
　④　業務上明らかに不要なことや遂行不可能なことの強制、仕事の妨害等を行うこと
　⑤　業務上の合理性なく、能力や経験とかけ離れた程度の低い仕事を命じることや仕事を与えないこと
　⑥　私的なことに過度に立ち入ること
　⑦　その他前条に該当する行動を行うこと
（基本方針の明確化及びその周知・啓発）
第4条　会社は、職場におけるパワーハラスメントに関する基本方針を明確にし、全従業員に対してその周知・啓発を行う。
（相談・苦情への対応）
第5条　会社は、パワーハラスメントを受けた従業員からの相談・苦情に対応する相談窓口を社内又は社外に設置し、相談窓口の設置について従業員に周知を図る。また、会社は、相談・苦情に対し、その内容や状況に応じ迅速かつ適切に対応する。
（相談・苦情の申し立て）
第6条　パワーハラスメントを受けていると思う者、又はその発生のおそれがあると思う者は、相談窓口、苦情処理委員会、相談ホットラインを利用して書面又は口頭で申し出ることができる。また、申し出は被害を受けている者だけではなく、他の者がその者に代わって申し出ることもできる。

67

第1章　パワハラ

（苦情の処理）
第7条　苦情の申し立てを受けたときは、関係者から事情聴取を行うなど適切に調査を行い、迅速に問題の解決に努めなければならない。
　　　苦情処理に当たっては、当事者双方のプライバシーに配慮し、原則として非公開で行う。
（不利益取扱いの禁止）
第8条　会社は、職場におけるパワーハラスメントに関して相談をし、又は苦情を申し出たこと等を理由として、その者が不利益を被るような対応をしてはならない。

令和△△年△△月△△日

○○株式会社

代表取締役社長　　○○○○

○○労働組合

中央執行委員長　　○○○○

（注）　本章（パワハラ）関連の資料出所は、主に次のとおり。
・平成24年1月「職場のいじめ・嫌がらせ問題に関する円卓会議ワーキング・グループ報告」（厚生労働省）
・平成28年度「職場のパワーハラスメントに関する実態調査報告書」（厚生労働省）
・厚生労働省委託事業「職場のパワーハラスメント対策ハンドブック」（公益財団法人21世紀職業財団、平成25年）

第2章　セクハラ

第1節　セクハラとその該当行為、法的責任追及等
—セクハラ被害従業員からの法的責任追及は、加害従業員のみ ならず事業主にも及ぶ

1　セクハラとその該当行為は

☞ ポイント

　男女を問わず、相手方の意思に反する性的な言動により、相手方の権利・利益・就業環境を侵害すること。

　セクハラ（セクシュアル・ハラスメント）とは、男女を問わず、相手方の意思に反する性的な言動を行うことにより相手方の権利・利益・就業環境を侵害することです。男女双方が加害者にも被害者にもなる可能性があります。

　男女雇用機会均等法（以下「均等法」）11条では、事業主に対して「職場におけるセクハラ防止の措置義務」を定めています。また、同条で規定されている職場でのセクハラには、「対価型」と「環境型」の2種類があります。

　なお、セクハラには、男性が女性に対して行うものだけではなく、女性が男性に対して行うもの、女性が女性に対して行うもの、男性が男性に対して行うものも含まれます。

　また、セクハラの発生の原因や背景には、性別の役割分担意識に基づく言動もあると考えられます（事業主が職場における性的な言動に起因する問題に関して雇用管理上講ずべき措置についての指針、平成

69

第2章　セクハラ

18年厚生労働省告示第615号、平成25年12月改正、以下「厚生労働大臣指針」)。

　事業主のセクハラ防止・解決の措置義務（均等法11条）の規定内容は、**図表23**、**24**のとおりです。

図表23　均等法11条の規定内容

（職場における性的な言動に起因する問題に関する雇用管理上の措置）
第11条　事業主は、職場において行われる性的な言動に対するその雇用する労働者の対応により当該労働者がその労働条件につき不利益を受け、又は当該性的な言動により当該労働者の就業環境が害されることのないよう、当該労働者からの相談に応じ、適切に対応するために必要な体制の整備その他の雇用管理上必要な措置を講じなければならない。
2　厚生労働大臣は、前項の規定に基づき事業主が講ずべき措置に関して、その適切かつ有効な実施を図るために必要な指針（次項において「指針」という。）を定めるものとする。
3　（略）

図表24　均等法と指針のセクハラ防止・トラブル解決対策についての規定内容

1　職場における男女労働者に対するセクハラ対策として事業主に雇用管理上必要な措置の実施を義務づけ（均等法11条）
〔措置義務の具体的な内容（厚生労働大臣指針）〕
　①　方針の明確化、その周知
　　（例）就業規則への規定、社内報等への記載
　②　相談・苦情への対応
　　（例）担当者をあらかじめ定めておくこと
　③　事後の迅速・適切な対応
　　（例）事実関係の確認、事案に応じ配置転換等の措置
2　都道府県労働局長（担当は、雇用環境・均等部（室）、以下同）の事業主に対する上記1に関する助言、指導、是正勧告（均等法17条）
3　都道府県労働局長による上記2の是正勧告に応じない事業主名の公表（均等法30条）
4　都道府県労働局長による紛争調整委員会での調停（均等法18条）

1 「職場」とは

　均等法11条１項でいう「職場」とは、事業主が雇用する労働者が業務を遂行する場所を指します。その労働者が通常就業している場所以外の場所であっても、その労働者が業務を遂行する場所は、「職場」に含まれます。

　例えば、取引先会社の事務所や、取引先と打ち合わせをするための飲食店、顧客の自宅等であっても、その労働者が業務を遂行する場所であれば「職場」に該当します。

　したがって、事業主はその雇用する社員について、上述の場所においてもセクハラ行為を防止するための措置を講ずる法的義務を負っています。

2 「労働者」とは

　本条でいう「労働者」とは、いわゆる正規労働者のみならず、パートタイム労働者、契約社員等いわゆる非正規労働者を含む、事業主が雇用する労働者のすべてをいいます。

　また、派遣労働者については、派遣元事業主（人材派遣会社）のみならず、派遣先事業主（労働者派遣の役務の提供を受ける者）についても、労働者派遣法（以下「派遣法」）47条の２の規定により、その指揮命令の下に労働させる派遣労働者を雇用する事業主とみなされ、均等法11条１項の規定（セクハラ防止の措置義務）が適用されます。

　このため、労働者派遣の役務の提供を受ける者（派遣先会社）は、派遣労働者についてもその雇用する労働者と同様に、セクハラ防止の措置を講ずることが必要です。

3 「性的な言動」とは

　本条でいう「性的な言動」とは、性的な内容の発言および性的な行

第2章　セクハラ

動を指します。この「性的な内容の発言」には、性的な事実関係を尋ねること、性的な内容の情報を意図的に流布すること等が、また、「性的な行動」には、性的な関係を強要すること、必要がないのに相手の身体に触ること、わいせつな図画を配布すること等がそれぞれ含まれます。

　均等法全体と厚生労働大臣指針のセクハラ防止・トラブル解決対策についての規定内容は**図表24**のとおりです。

② 均等法でいう「セクハラ」の２つのタイプとは

☞ ポイント

対価型セクハラと環境型セクハラがある（**図表25**）。

1 対価型セクハラとは

対価型セクハラとは、職場において労働者の意に反する性的な言動が行われ、それに対する労働者の対応により、その労働者が解雇、降格、減給等の不利益を受けることをいいます。その状況は多様ですが、典型的な例として、**図表26**のようなものがあります（厚生労働大臣指針）。

図表25　してはならない、２つのセクハラ行為（均等法11条・厚生労働大臣指針）

対価型セクハラ	環境型セクハラ
職場で行われる性的な言動に対する対応によって、男女従業員が雇用や労働条件について不利益を受けること （例） 上司の性的な要求を拒否／腰や腕を触られて抵抗 　　　　　↓ 解雇、昇進・昇給差別、不利益な配置転換、減給などが行われた	職場において行われる性的な言動により、男女従業員の働く環境が害されること （例） ・下着の色、スリーサイズ、性生活等についてしつこく聞く ・不必要に身体にふれる ・事業場内にヌードポスターを掲示する

図表26　対価型セクハラの典型例

・事業所内で事業主が労働者に対して性的な関係を要求したが、拒否されたため、その労働者を解雇する。
・出張中の車中で上司が労働者の腰、胸等に触ったが、抵抗されたため、その労働者について不利益な配置転換をする。
・営業所内で事業主が日頃から労働者に係る性的な事柄について公然と発言していたが、抗議されたため、その労働者を降格とする。

第2章　セクハラ

2　環境型セクハラとは

　環境型セクハラとは、職場で労働者の意に反する性的な言動が行われることで労働者の就業環境が不快なものとなったため、能力の発揮に重大な悪影響が生じる等、その労働者が就業する上で見過ごすことができない程度の支障が生じることをいいます。

　その状況は多様ですが、典型的な例として、**図表27**のようなものがあります（厚生労働大臣指針）。

3　「意に反する」とは

　前記2．でいう「労働者の意に反する」とは、相手方の労働者が望んでいないもの、相手方の同意のないもののことをいいます。つまり、相手方が同意していれば、セクハラにはなりません。

　この点で、セクハラは「住居侵入」と似ているといわれています。つまり、他人の家に無断で侵入する行為は犯罪になりますが、住人の事前の同意があれば何ら問題ないという点で共通しているからです。

　行為者（加害者）が、相手方が自分に好意をもっていると一方的に思い込み、親愛の表現のつもりで言動したとしても、相手方（被害者）が嫌悪や不快を感じればセクハラになります。

　なお、日経連や人事院の資料（**図表28、29**）では、セクハラの範囲について、均等法11条に基づいた厚生労働大臣指針の具体例よりも

図表27　環境型セクハラの典型例

・事業所内で上司が労働者の腰、胸等にたびたび触ったため、その労働者が苦痛に感じて就業意欲が低下している。
・同僚が取引先で労働者に係る性的な内容の情報を意図的かつ継続的に流布したため、その労働者が苦痛に感じて仕事が手につかない。
・労働者が抗議をしているにもかかわらず、事業所内にヌードポスターが掲示されているため、その労働者が苦痛に感じて業務に専念できない。

2 均等法でいう「セクハラ」の2つのタイプとは

図表28　セクハラになるレッドカードとイエローカード

1　レッドカード該当行為（絶対に避けるべき言動）
①　雇用上の利益や不利益の与奪を条件に性的誘いをかけるなどをする 　・人事考課、配置、異動などの配慮を条件にして誘いかける 　・性的要求への服従や拒否によって雇用上の扱いを変える ②　性的な嗜好などによって人事管理の差別的取扱いをする 　・性的な好き嫌いなどによって雇用上の扱いを不公平にする ③　弾圧的に性的行為に誘ったり執拗に交際の働きかけをする 　・業務上の指導などの名目にかこつけて個人的な接触をはかる 　・性的関係を求める発言を繰り返す 　・食事やデートにしつこく誘ったり、いやがられているのにつきまとったりする（いわゆるストーカー行為も含む） ④　相手の身体への一方的な接近や接触をはかる 　・抱きついたり、腰や胸に触る 　・職場で通りがかるたびに逃げようとしても髪や肩や手を触る ⑤　性的な言動によって極度に不快な職場環境をつくる 　・繰り返し性的な電話をかけたり、電子メールを送ったりする 　・職場にポルノ写真やヌードカレンダーを継続的に掲示する 　・性的な冗談を繰り返したり、複数の者が取り囲んでしつこく言う 　・化粧室や更衣室の前などで胸や腰をじっと見る 　・接待においてお酒の酌やデュエットを強要する 　・性的魅力をアピールするような服装や振る舞いを強要する ⑥　人格を傷つけかねない性的評言や性的風評をする 　・性的にふしだらなどと悪質な中傷を繰り返す 　・私生活上の秘密や個人の性に関する噂などを意図的に流す

2　イエローカード該当行為（できるだけ避けるべき言動）
①　性別による差別的発言や蔑視的発言をする 　・女性のみ「ちゃん」づけで呼んだり、「女の子」と呼ぶ 　・「女性に仕事は無理だ」「男だったら徹夜しろ」などという ②　性的な言動によって正常な業務の遂行を妨害する 　・相手が返答に窮するような性的冗談をいう 　・個人的な性的体験談を話したり、相手に聞いたりする ③　性的な言動によって望ましくない職場環境をつくる 　・髪、肩、手などに不必要に触れる 　・休憩時間にヌード雑誌をこれみよがしに読んだり見せたりする ④　性的に不快感をもよおすような話題づくりや状況づくりをする 　・任意参加の会合で上司の隣りに座ることやお酒の酌を要求する 　・ある女性と他の女性との性的魅力について比較する ⑤　不必要に相手の個人領域やプライベートを侵犯する 　・スリーサイズを尋ねたり、身体的特徴を話題にする 　・顔をあわせるたびに「結婚はまだか」「子どもはまだか」と尋ねる

（資料出所）日経連出版部『セクハラ防止ガイドブック』より

第2章　セクハラ

図表29　セクハラになり得る言動

1　職場内外で起きやすいもの

(1)　性的な内容の発言関係
　　①　性的な関心、欲求に基づくもの
　　　・スリーサイズを聞くなど身体的特徴を話題にすること
　　　・聞くに耐えない卑猥な冗談を交わすこと
　　　・体調が悪そうな女性に「今日は生理日か」「もう更年期か」などということ
　　　・性的な経験や性生活について質問すること
　　　・性的な噂を立てたり、性的なからかいの対象とすること
　　②　性別により差別しようとする意識等に基づくもの
　　　・「男のくせに根性がない」「女には仕事を任せられない」「女性は職場の花で
　　　　ありさえすればいい」などと発言すること
　　　・「男の子、女の子」「僕、坊や、お嬢さん」「おじさん、おばさん」などと人
　　　　格を認めないような呼び方をすること
(2)　性的な行動関係
　　①　性的な関心、欲求に基づくもの
　　　・ヌードポスター等を職場に貼ること
　　　・雑誌等の卑猥な写真・記事等をわざと見せたり、読んだりすること
　　　・身体を執拗に眺め回すこと
　　　・食事やデートにしつこく誘うこと
　　　・性的な内容の電話をかけたり、性的な内容の手紙・Eメールを送ること
　　　・身体に不必要に接触すること
　　　・浴室や更衣室等をのぞき見すること
　　②　性別により差別しようとする意識等に基づくもの
　　　・女性であるということだけで職場でお茶汲み、掃除、私用などを強要する
　　　　こと

2　主に職場外において起こるもの

①　性的な関心、欲求に基づくもの
　・性的な関係を強要すること
②　性別により差別しようとする意識等に基づくもの
　・カラオケでのデュエットを強要すること
　・酒席で、上司の側に座席を指定したり、お酌やチークダンスなどを強要する
　　こと

（資料出所）人事院規則「セクシュアル・ハラスメントの防止等の運用について」より

広範囲にとらえています。これらには、相手方が不快に思うことをはじめとして、ジェンダー・ハラスメント等も含んでいます。

　これらは、裁判例や学説の考え方に近く、企業が人事労務管理、訴訟リスク・マネジメントの立場から対応する場合には、この考え方に基づくことが必要です。

4　「ジェンダー・ハラスメント」とは

　ジェンダー・ハラスメントとは、男女の役割を固定的に考える意識に基づき、例えば、次のような言動で非難等をすることです。

　・「女性に仕事は無理」「女性は職場の花」等

　・女性のみにコピー取り等を言いつける

　・「男だったら徹夜してでも仕事をするのが当たり前」と言う

　・「男のくせに根性がない」と言う

　これらの言動は状況によってはセクハラに該当しますので、十分注意してください。

第2章　セクハラ

③ セクハラ被害従業員から加害従業員に対する法的責任の追及は

☞ ポイント

　加害者（同じ会社の社員等）に対して法的責任（刑事上、民事上、会社の懲戒処分）が問われる。

　加害者（被害者と同じ会社の社員、取引先の第三者等）は、刑事上、民事上、さらには就業規則（服務規律、企業秩序維持）の規定に基づき法的な責任を追及されます。

　刑事上では、加害者の行ったセクハラ行為のほとんどは、刑法（強制わいせつ罪、名誉毀損罪、侮辱罪等）、軽犯罪法、迷惑防止条例、ストーカー規制法等に違反することですから、刑事責任が追及されます（**図表30**）。

図表30　セクハラ行為の刑事的責任

項目	説　　　明
①　強烈なセクハラ行為の場合	①　強制わいせつ罪 　13歳以上の男女に対し、暴行または脅迫を用いてわいせつな行為をした者は6カ月以上10年以下の懲役に処する（刑法176条）。 ②　名誉毀損罪 　公然と事実を摘示（かいつまんで示すこと）し、人の名誉を毀損した（人の社会的評価を低下させる行為を公然と行った）者は、その事実の有無にかかわらず、3年以下の懲役、禁錮または50万円以下の罰金に処する（刑法230条）。
②　①ほど強烈ではない場合	①　軽犯罪法違反（のぞき行為等、損害賠償事件） 　これが問題とされたのが京都ビデオ隠し撮り事件（**図表37**）です。 ②　迷惑防止条例違反（肉体的接触だけでなく、性的言動を含む） ③　侮辱罪 　事実を摘示しなくても、公然と人を侮辱した者は、拘留または科料に処する（刑法231条）。 ④　ストーカー規制法2条のつきまとい行為

78

また、民事上においても、セクハラ行為により被害者の権利、法律上保護される利益が大きく侵害されています。被害者は加害者に対して不法行為による損害賠償を請求できます（**図表31、32、33**）。

図表31　民事の損害賠償責任

均等法11条にいうセクハラその他に該当する行為を行った場合
　　→不法行為（民法709条）等に該当。損害賠償請求
〔例1〕いきなり胸・腰に触った場合
　①被害者（女性社員）が強制わいせつ罪で告訴
　②刑事罰（懲役○年）
　　→不法行為責任（民法709条）成立。損害賠償請求
〔例2〕刑事上の責任は問われないが、セクハラ行為を行った場合
　①人事労務上の利益・不利益を条件に性的誘いかけを行った
　②相手方が望まない、拒絶しているにもかかわらず性的誘いかけをした
　③性的言動で職場環境を悪化させた
　　→不法行為責任（民法709条）成立。損害賠償請求

図表32　民法709条の規定内容

（不法行為による損害賠償）
第709条　故意又は過失によって他人の権利又は法律上保護される利益を侵害した者は、これによって生じた損害を賠償する責任を負う。

図表33　民事上の損害賠償責任の流れ

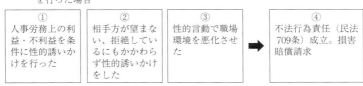

第2章　セクハラ

　さらに、セクハラ行為は、その者の勤務する会社の就業規則に定められている服務規律・企業秩序維持（職場で働く際のルール）に関する規定に違反します。このため、加害者に対して、会社から懲戒処分が行われます（**図表34、35**）。

図表34　会社の就業規則に基づく懲戒処分等①

〔例１〕刑事罰を受けた場合
　　　　⇒懲戒解雇、諭旨解雇、降格、出勤停止、配置転換等
〔例２〕①　損害賠償を命じられた場合
　　　　②　①に該当しないが、セクハラ行為を行った場合
　　　　⇒降格、減給、訓告、配置転換、出向、転籍等

図表35　会社の就業規則に基づく懲戒処分等②

4 セクハラ被害従業員から会社に対する法的責任追及は

☞ポイント

損害賠償請求、または都道府県労働局長への是正指導の申立て等が行われる。

1 セクハラが起きたときの被害従業員等からの会社に対する法的責任追及は

セクハラ行為が会社の業務遂行の中で行われた場合には、会社の法的責任が次のように問われるケースもあります。

① 民事の損害賠償請求

② 都道府県労働局（雇用環境・均等部（室））による是正の行政指導、企業名の公表（②は均等法に基づき行われるものです）。

2 民事上の損害賠償請求の根拠は

セクハラ行為の被害者から企業に対して損害賠償請求が行われる場合、その法的根拠は、①使用者責任（民法715条）、②債務不履行責任（労働環境調整義務不履行：民法415条、労契法5条（安全配慮義務不履行））の2つです（**図表36**）。

使用者責任の例をみると、福岡セクハラ事件（平成4年4月16日福岡地裁判決　労判607・6）は、使用者責任をはじめて認めた判決です（**図表37**）。

現在の裁判所の判決では、**図表37**の3の②の「業務の執行につき」を広くとらえています。被害を受けた労働者側から加害者の不法行為の立証がなされれば、つまり、均等法11条でいう「職場」、「労働者」に該当すれば、おおむね使用者の責任になります。

第2章　セクハラ

　債務不履行責任の例をみると、京都ビデオ隠し撮り事件（平成9年4月17日京都地裁判決　労判716・49）は、会社の債務不履行責任を認めた判決です（**図表38**）。

図表36　民法715条・415条、労働契約法5条

　（使用者等の責任）
民法第715条　ある事業のために他人を使用する者は、被用者がその事業の執行について第三者に加えた損害を賠償する責任を負う。ただし、使用者が被用者の選任及びその事業の監督について相当の注意をしたとき、又は相当の注意をしても損害が生ずべきであったときは、この限りでない。
2　使用者に代わって事業を監督する者も、前項の責任を負う。
3　前2項の規定は、使用者又は監督者から被用者に対する求償権の行使を妨げない。
　（債務不履行による損害賠償）
民法第415条　債務者がその債務の本旨に従った履行をしないときは、債権者は、これによって生じた損害の賠償を請求することができる。債務者の責めに帰すべき事由によって履行をすることができなくなったときも、同様とする。
（労働者の安全への配慮）
労働契約法第5条　使用者は、労働契約に伴い、労働者がその生命、身体等の安全を確保しつつ労働することができるよう、必要な配慮をするものとする。

図表37　福岡セクハラ事件：使用者責任をはじめて認めた判例

1　事案の概要
　　上司である編集長Aが部下Bの性的風評を社内外に流した。Bは、A本人に抗議した。また、Bは専務取締役に対しても改善を求めた。しかし、同専務は次のように述べた。「両者の話し合いで誤解を解くしかない」、「話し合いがつかなければ辞めてもらうしかない」。Bは退職した。
2　判決の概要
　　Bが受けた損害については、会社にも次の理由から責任がある。
　　「会社には、いわゆる労働環境調整義務があるのに、その義務を尽くさなかった。労働者には、適切な労働環境の中で働く権利がある」
3　使用者責任とは
　　次の①～④が使用者責任の成立要件となっている。
　　①使用関係（雇用関係）がある被用者（従業員）が
　　②業務の執行につき、
　　③不法行為をなし、
　　④使用者（会社側関係者）が選任監督上の注意を尽くしていないこと

82

④　セクハラ被害従業員から会社に対する法的責任追及は

図表38　京都ビデオ隠し撮り事件：会社の債務不履行責任を認めた判例

1　事案の概要

　　男性社員Ａが、女性更衣室でビデオカメラの隠し撮りを行った。代表取締役がカメラの向きを逆さにしたものの撤去はしなかったため、再び隠し撮りが行われた。

　　その後、会社はＡを懲戒解雇した。専務取締役が朝礼において、女性社員ＢがＡと男女関係にあるかのような発言をした。Ｂが、朝礼において会社を好きになれないと発言をしたところ、代表取締役が「好きになれない人は辞めてもよい」と発言した。

　　それ以降、社員の多くがＢとの関わりを避けるようになり、Ｂは退職せざるを得なくなった。

2　判決の概要

　　会社には、雇用契約に伴って、次の①〜⑤の義務がある。

　　①労働者のプライバシーが侵害されないよう労働環境を整える義務

　　②労働者が意に反して退職することがないよう職場環境を整える義務

　　③労務遂行に関連してその人格的尊厳を侵し、労務提供に重大な支障をきたす理由が発生することを防ぐ職場環境整備義務

　　④そして、問題が生じた際にこれに適切に対処して、被用者にとって働きやすい職場環境を保つように配慮する義務

　　⑤上記③、④の具体的内容として、セクハラの防止、発生後の対応の具体的措置義務

83

第2章　セクハラ

第2節　企業のセクハラ防止対策、発生時の対応

1　事業主のセクハラ防止・解決の措置義務の具体的内容は

☞ポイント

　まずは、セクハラがあってはならない旨の企業方針の明確化やセクハラ加害者を厳正に処分する内容の規程などを。

　セクハラ（セクシュアル・ハラスメント）防止・解決措置の実施義務については、均等法11条において、事業主は職場におけるセクハラ防止のため、労働者からの相談に応じて適切に対応するために必要な体制の整備その他の雇用管理上必要な措置を講じなければならない（1項）、必要な措置の具体的内容は厚生労働大臣が指針で定める（2項）、と規定されています。

　この指針（事業主が職場における性的な言動に起因する問題に関して雇用管理上講ずべき措置についての指針、平成18年厚生労働省告示第615号、平成25年12月改正、以下「厚生労働大臣指針」）では、事業主は、職場におけるセクハラ行為を防止するため、雇用管理上、**図表39、40、41**の措置を講じなければならないと定めています。

図表39　**厚生労働大臣指針の内容（事業主が職場における性的な言動に起因する問題に関して雇用管理上講ずべき措置についての指針（平成18年厚生労働省告示第615号））**

---

①　事業主の方針の明確化およびその周知・啓発
②　相談（苦情を含む。以下同じ）に応じ、適切に対応するために必要な体制の整備
③　職場におけるセクハラに係る事後の迅速かつ適切な対応
④　上記①から③までの措置とあわせて講ずべき措置

84

① 事業主のセクハラ防止・解決の措置義務の具体的内容は

図表40　事業主が雇用管理上行わなければならない措置

Point 1	Point 2	Point 3	Point 4	CHECK
就業規則等に、自社のセクハラ防止についての基本方針や具体策を定める。	セクハラに関する相談、苦情の申出、対応の手続き、担当者を決めておく。	朝礼、研修等の際にセクハラ防止の注意事項を話しておくなど、従業員への周知・啓発を徹底する。	セクハラ行為発生時には事実確認、行為者・被害者への対応、再発防止措置を迅速・適切に行う。	□就業規則で、セクハラへの対応方針、懲戒処分を定めているか？ □労働者からの苦情にきちんと対応しているか？ →対応を怠ると、社名の公表や損害賠償など、大きな代償を払うことになるおそれがある。

図表41　ハラスメント行為防止に関する就業規則（本則）の規定（例）

第○○条　会社は、ハラスメント行為が行われないように具体的な措置を講じるものとする。
2　会社は、○○部に担当係を設け、次の業務を担当させる。
　一　ハラスメント防止についての従業員に対する教育研修、広報
　二　ハラスメントに関する相談・苦情の受付、事実関係の調査確認、関係事項の処理
3　その他ハラスメント行為の該当範囲、相談・対応の手続き、担当部門等の細目については、別に定める「ハラスメント行為防止規則」による。

　これらの措置については、企業の規模や職場の状況のいかんを問わず、必ず講じなければなりません。また、措置の方法については、企業の規模や職場の状況に応じ、適切と考える措置を事業主が選択できるよう具体例を示してあります。

1　企業の方針の明確化と規定、周知、啓発

　事業主は、職場でのセクハラの内容や職場でセクハラがあってはならない旨の方針を明確化（**図表42**）し、セクハラに係る性的な言動を行った者に厳正に処分する旨や対処の内容を定め（**図表43**）、管理監督者を含む労働者に対して周知・啓発しなければなりません。

第2章　セクハラ

図表42　企業の方針を明確化して労働者に周知・啓発している例

① 就業規則その他の職場における服務規律・企業秩序の維持を定めた文書で方針を規定し、職場におけるセクハラの内容と併せ、労働者に周知・啓発する。
② 社内報、パンフレット、社内ホームページ等、広報・啓発のための資料等に、職場におけるセクハラの内容および職場におけるセクハラがあってはならない旨の方針を記載し、配布等をする。
③ 職場におけるセクハラの内容および職場におけるセクハラがあってはならない旨の方針を労働者に対して周知・啓発するための研修・講習等を実施する。

図表43　企業の方針を定めて労働者に周知・啓発している例

① 就業規則その他の職場における服務規律・企業秩序の維持を定めた文書で、職場におけるセクハラに係る性的な言動を行った者に対する懲戒規定を定め、その内容を労働者に周知・啓発する。
② 職場におけるセクハラに係る性的な言動を行った者は、現行の就業規則その他の職場における服務規律・企業秩序の維持を定めた文書で定められている懲戒規定の適用の対象となる旨を明確化し、これを労働者に周知・啓発する。

　なお、周知・啓発するにあたっては、職場におけるセクハラの防止の効果を高めるため、その発生の原因や背景について労働者の理解を深めることが重要です。「その発生の原因や背景」とは、例えば、企業の問題として、労働者の活用や能力発揮を考えていない雇用管理のあり方、労働者の問題として、同僚の労働者を対等なパートナーとして見ず性的な関心の対象として見る意識のあり方が挙げられます。

　さらに、両者は相互に関連して職場におけるセクハラを起こす職場環境を形成すると考えられます。

2　労働者からの相談に対応するために

　事業主は、労働者からの相談に対し、その内容や状況に応じ適切かつ柔軟に対応するために必要な体制を整備することについて、**図表44**の措置を講じなければなりません。

　なお、対応にあたっては、公正な立場に立って、真摯に対応すべき

1　事業主のセクハラ防止・解決の措置義務の具体的内容は

ことはいうまでもないことです。

　図表44「措置」欄②の「広く相談に対応し」とは、職場における
セクハラを未然に防止する観点から、相談の対象として、職場におけ
るセクハラそのものでなくともその発生のおそれがある場合や、セク
ハラに該当するか否か微妙な場合も幅広く含めることを意味するもの
です。

　例えば、勤務時間後の会社の食事会等におけるセクハラも幅広く相
談の対象とすることが必要です。

　また、図表44「内容」欄②の「留意点」には、相談者が相談窓口
の担当者の言動等によってさらに被害を受けること等（いわゆる「二
次セクハラ」）を防止するために必要な事項も含まれています。

図表44　労働者からの相談に対応する措置の具体的な内容

措　　置	内　　容
①　相談窓口をあらかじめ定める。※1	（相談窓口をあらかじめ定めていると認められている例） ①　相談に対応する担当者をあらかじめ定める。 ②　相談に対応するための制度を設ける。 ③　外部の機関に相談への対応を委託する。
②　①の相談窓口の担当者が、相談に対し、その内容や状況に応じ適切に対応できるようにする。※2 　また、相談窓口においては、職場におけるセクハラが現実に生じている場合だけでなく、その発生のおそれがある場合や、職場におけるセクハラに該当するか否か微妙な場合であっても、広く相談に対応し、適切な対応を行うようにする。	（相談窓口の担当者が適切に対応できるようにしていると認められる例） ①　窓口相談の担当者が相談を受けた場合、その内容や状況に応じて、相談窓口の担当者と人事部門とが連携を図ることができるしくみとする。 ②　相談窓口の担当者が相談を受けた場合、あらかじめ作成した留意点等を記載したマニュアルに基づき対応する。

注1：「窓口をあらかじめ定める」とは、窓口を形式的に設けるだけでは足りず、実質的な対応が
　　　可能な窓口が設けられていることをいうものです。この際、労働者が利用しやすい体制を整
　　　備しておくこと、労働者に対して周知されていることが必要です。
注2：「その内容や状況に応じ適切に対応する」とは、具体的には、相談者や行為者に対して、一
　　　律に何らかの対応をするのではなく、労働者が受けている性的言動等の性格一態様によって、
　　　状況を注意深く見守る程度のものから、上司、同僚等を通じ、行為者に対し間接的に注意を
　　　促すもの、直接注意を促すもの等事案に即した対応を行うことを意味するものです。

第2章　セクハラ

2　職場でセクハラが発生した場合の企業側の対応方法は

☞ポイント

　事実関係の迅速・正確な確認を行い、セクハラ行為者と被害者に適切に措置するなど。

　職場でセクハラが発生した場合の対応を説明します。厚生労働大臣指針では、

① 事実関係を迅速・正確に把握すること

② セクハラ行為者と被害者に適切に措置すること

③ 再発防止措置を講じること

——を事業主に義務づけています。

1　「① 事実関係を迅速・正確に把握すること」とは

　まず事業主は、職場におけるセクハラに係る相談の申出があった場合に、その事案の事実関係を迅速かつ正確に確認し、適切に対処することについて、

・相談窓口の担当者、人事部門または専門の委員会等が、相談者およびその職場におけるセクハラに係る性的言動の行為者とされる者の双方から事実関係を確認する。相談者と行為者との間で事実関係に関する主張に不一致があり、事実の確認が十分にできないと認められる場合には、第三者からも事実関係を聴取する等の措置を講じる

・事実関係を迅速かつ正確に確認しようとしたが、確認が困難な場合等においては、均等法18条に基づく調停の申請を行うこと、その他中立な第三者機関に紛争処理を委ねる

——といった措置を講じなければなりません。

88

2 「② セクハラ行為者と被害者に適切に措置すること」とは

上記①により、職場におけるセクハラが生じた事実が確認できた場合には、セクハラ行為者に対する措置やセクハラ被害者に対する措置について、

・就業規則等を定めた文書における職場のセクハラに関する規定等に基づき、行為者に対して必要な懲戒処分その他の措置を講じる。併せて、事案の内容や状況に応じ、行為者と被害者の関係改善に向けての援助、行為者と被害者を引き離すための配置転換、行為者の謝罪、被害者の労働条件上の不利益の回復等の措置を講じる

・均等法18条に基づく調停その他中立な第三者間の紛争解決案に従った措置を講じる

——といった措置をそれぞれ適正に行います。

先程から述べている「均等法18条に基づく調停」とは、都道府県労働局長（窓口は雇用環境・均等部（室））は、セクハラをめぐっての紛争について、その紛争の当事者の双方または一方から調停の申請があった場合に、その紛争の解決のために必要があると認めるときは、紛争調整委員会に調停を行わせることをいいます。

紛争調整委員会において、**図表45**の手順を踏み、調停案の作成、受諾勧告等が行われます。調停は、委員が調停案を作成し、勧告する等積極的に働きかけを行います。ただし、当事者に受諾を強制することはできません。

第2章　セクハラ

図表45　労働者からの相談に対応する措置の具体的な内容

---

① 事業主、労働者の調停申請
　　　↓
② 都道府県労働局長の付託
　　　↓
③ 紛争調整委員会の調停開始
　　　↓
④ 事業主・労働者からの意見聴取
　　　↓
⑤ セクハラ加害者からの事情聴取
　　　↓
⑥ 委員会の調停案作成、関係当事者への受入勧告
　　{　⑦のA　関係当事者の調停案受け入れ、事案解決
　　{　⑦のB　関係当事者の調停受け入れ拒否、調停の打ち切り

3　「③　再発防止措置を講じること」とは

　改めて職場におけるセクハラに関する企業の方針を周知・啓発する等の、再発防止に向けた措置を講じます。例えば、

・職場におけるセクハラがあってはならない旨の企業の方針および職場におけるセクハラに係る性的な言動を行った者について厳正に処分する旨の企業の方針を、社内報やパンフレット、社内HP等、広報または啓発のための資料等に改めて掲載し、配布等する

・労働者に対して、職場におけるセクハラに関する意識を啓発するための研修や講習等を改めて実施する

——といったことです。

　なお、職場におけるセクハラが生じた事実が確認できなかった場合においても、同様の措置を講じます。

③ 企業がセクハラ被害従業員等からの相談・苦情に対応する際の留意点は

☞ ポイント

相談者・行為者等のプライバシーを保護し、相談者に対して解雇その他の不利益取扱いを行わない。

厚生労働大臣指針では、事業主は、次の措置を講じなければならないとしています。

① 相談者・行為者等のプライバシーを保護するための措置を講じる。

② 相談者、事実関係確認協力者等に解雇その他の不利益取扱いを行わない。

1 相談者・行為者等のプライバシーを保護するために講じている措置の例

職場におけるセクハラに係る相談者・行為者等の情報は、その相談者・行為者のプライバシーに属するものであることから、相談への対応またはそのセクハラに係る事後の対応にあたっては、相談者・行為者等のプライバシーを保護するための措置を講じることが必要です。必要な措置の例としては、

・相談者・行為者等のプライバシーを保護するために必要な事項をあらかじめマニュアルに定め、相談窓口の担当者が相談を受けた際にはマニュアルに基づき対応する

・相談者・行為者等のプライバシーを保護するために、相談窓口の担当者に必要な研修を行う

・相談者・行為者等のプライバシーを保護するために、必要な措置を講じていることを、社内報やパンフレット、社内 HP 等、広報

第2章　セクハラ

　　または啓発のための資料等に掲載し、配布等する
——といったことが挙げられます。

2　セクハラ被害相談者等の不利益な取扱いを行わない旨を定め周知・啓発する措置の例

　労働者が職場におけるセクハラに関し相談をしたこと、または事実関係の確認に協力したこと等を理由として、不利益な取扱いを行ってはならない旨を定め、労働者に周知・啓発します。以下の例が挙げられます。

・就業規則その他の職場における服務規律・企業秩序維持等を定めた文書において、労働者が職場におけるセクハラに関して相談をしたこと、または事実関係の確認に協力したこと等を理由として、その労働者が解雇等の不利益な取扱いをされない旨を規定し、労働者に周知・啓発する

・社内報やパンフレット、社内HP等、広報・啓発のための資料等に、労働者が職場におけるセクハラに関して相談をしたこと、または事実関係の確認に協力したこと等を理由として、その労働者が解雇等の不利益な取扱いをされない旨を記載して、労働者に配布等する
　図表46は、ポスター、チラシの例です。

92

3 企業がセクハラ被害従業員等からの相談・苦情に対応する際の留意点は

図表46　セクハラ防止についてのポスター、チラシの例

セクシュアル・ハラスメントのない職場を作ろう！

〇〇〇〇年〇月〇日
株式会社〇〇〇〇

1　職場におけるセクシュアル・ハラスメントは、社員を働きにくくさせる問題
であり、職場のモラルを低下させ、業務の円滑な遂行を妨げます。

2　職場で性的な言動を行って、周囲の社員を不快にさせていると思い当たる人
はいませんか。

　性的な言動を行う側は軽い気持ちでも、された側は不快に感じている場合が
あります。

　職場においては、男性も女性も同じ労働者として対等なパートナーです。相
手の立場に立って、普段の言動を振り返り、セクシュアル・ハラスメントのない、
快適な職場を作っていきましょう。

3　当社の社員が不快に感じる性的言動は、取引先社員も不快に感じることは当
然であり、当社の社員としてこのような言動は厳に慎みましょう。

4　相談・苦情窓口

　職場におけるセクシュアル・ハラスメントに関する相談・苦情は〇〇部〇〇
課までどうぞ。苦情には、公平に対処し、場合によっては、行為者に就業規則
に従った処分を行います。プライバシーは守られますので安心してご相談くだ
さい。

　人事課長が本委員会招集の提案内容を検討し、同委員会を招集し、事案の検
証と当事者に対する適切な懲戒処分案と今後の対策案を代表取締役社長に提案
する。

第2章　セクハラ

第3節　トラブル実例に学ぶセクハラ解決法
―「セクハラがあってはならない」と企業の方針を明確に定め、加害従業員を厳正に処分する規程を定める

1　企業のセクハラトラブル事案、対策の実施例、規程例は

☞ポイント

　以下、ある会社で発生したセクハラトラブル事案とその解決のしかた・再発防止対策の実施例と規程例を紹介する。

　第1節では、セクハラの定義や類型、セクハラ被害者から加害者・企業に対する法的責任追及等についてさらに第2節では、企業のセクハラ防止対策、発生時の対応について説明してきました。

　これらを踏まえて、以下第3節では、実施事例を紹介します。

◎　セクハラ被害従業員のパニック障害の発症から、セクハラ防止対策の実施までの経過

①　X社は、本社と5店舗（支店）のスーパーマーケットです（**図表47**）。

②　平成28年1月にA支店の20代女性従業員B（以下、「B女」とする）が突然欠勤するようになり、同居している親から、B女のかかりつけの精神科医師の医療診断書がA支店長あてに送られてきました。

③　診断書の記載内容は「B女は、先輩・同僚である従業員3人からの身体へのタッチ等のセクハラ行為により『パニック障害』（疾病）を発症したため、当分の間、自宅療養に専念することが必要である」というものでした。

④　A支店長は、本社総務部長にこのことを報告・相談しました。

94

① 企業のセクハラトラブル事案、対策の実施例、規程例は

図表47　Ｘ社組織図とハラスメント防止対策関係者

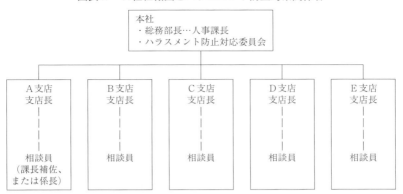

⑤　Ａ支店長は、労働問題の専門家ではないため、本件については、本社総務部長と本社顧問（労務担当）が緊急対応することとしました。

⑥　本社総務部長がＢ女の直属上司（女性課長）とＢ女宅を訪れ、両親から事情を聴くこととしました。応対したＢ女の両親は事情を説明し、総務部長に対して抗議し、「娘に対するセクハラ行為の実情を調査し、報告するように」依頼をしました。

⑦　総務部長は、Ｂ女本人に直接会って話を聴きたいと両親に申し入れました。しかし、両親に「パニック障害（**図表48**）の病状が悪化する（フラッシュバック発生の）おそれがあるので、会わせることはできない」と拒絶されました。

⑧　総務部長は、Ａ支店のＢ女の同僚や先輩、上司、支店長等から事情を聴取しました。

⑨　総務部長は、診断書を作成した医師に「面談して詳しく病状等を伺いたい」と申し入れましたが、「診断書に記載してあるとおりである。」として面談を拒否されました。

⑩　上記⑧の結果、「先輩・同僚である従業員３人が、平成27年12月から約１カ月間、出勤後にＢ女に会った際『おはよう』と言って肩

95

第2章　セクハラ

図表48　用語解説：パニック障害

　この障害は、特別な状況によらずに予知することのできない「パニック発作」が反復して起こるものです。「パニック発作」とは、息苦しさやめまい感、動悸、胸痛、吐き気、発汗などの症状が急激に起こり、そのために死などの強い恐怖心に襲われるものです。発作は通常数分でピークに達し、長くても1時間以内で治まります。当人は、発作がまた起きるのではないかと不安になり、外出が困難になることもあります。

　職場で「パニック発作」が生じた場合、本人の呈する症状が激しくても比較的短時間で治まることが予想されるため、周囲が大騒ぎをせずに休養室や保健室などに誘導して休ませることが適切な対応といえます。職場において問題となる症状があるときは、本人と職場の間で症状出現時の対応について話し合いをもつことが望まれます。また、職場の産業保健スタッフ（産業医、看護師、保健師等）に、疾患への理解や対応のしかたについて助言を求めることも検討に値します。

　パニック障害の発症には、職場の対人関係や役割葛藤などの職場の問題が関係する場合があるため、本人の悩みを傾聴し、職場に起因する問題があれば、可能な職場調整を行うことも有効です。

をポンとたたいたり、頭髪に触れたりしていたこと」が確認されました。

⑪　総務部長は、従来から本社で設置・運営されていた「Ｘ社懲罰委員会」を開催しました。同委員会に加害者とされているＡ支店の先輩・同僚従業員3人を出席させ、同委員会として、Ⓐセクハラ行為の内容の確認をし、Ⓑ同3人の弁明の聴取を行ったのち、Ⓒ同3人について、翌月の給与を3％減給することが妥当であるとする懲戒処分（案）を社長に提案する決定を行いました。また、会社は翌月、同3人を、当人の同意を得た上で、定期的な人事異動の一環として、他の支店に配置換えしました。

※総務部長が加害者とされた従業員3人の懲戒処分を社長に提案することとした背景には、次のように情勢判断したことがあります。

・会社が3人を懲戒処分とすると、セクハラ行為が行われたことを会社が認めたことになる。これは、Ｂ女がパニック障害を発症したのは労働災害（業務上の事由による疾病）である、と会社が認

めることと同じになる。しかし、Ｂ女の両親は健康保険の傷病手当金（業務外の私傷病による休業の場合に、最長１年６カ月間、賃金の３分の２相当額が給付されるもの）を受給できれば十分であり、労基署への労災補償給付の請求、さらには裁判所への安全配慮義務不履行による損害賠償請求をする気持ちはまったくない。労災請求や民事訴訟を行うと、業務上の事由であるか否かをめぐって、娘（Ｂ女）は労基署、裁判所で何回も事情を聴取され、つらい状況を思い出す（フラッシュバックをおこす）ことになるからである（上記⑦参照のこと）。

・他方、自社内（役職員）でセクハラに対する認識を深め再発防止をするためには、今回は加害従業員の懲戒処分を行ったほうがよい。

⑫　社長は、懲罰委員会からの上記⑪の提案を受け入れて、そのとおり懲戒処分を決定し、行いました。

⑬　総務部長は、Ｂ女宅を訪れ、上記⑧〜⑫の結果を報告しました。両親は「懲戒処分の内容がセクハラ行為の内容、娘（Ｂ女）のパニック障害の発症という被害の重大さに比べて軽すぎる。加害従業員３人を懲戒解雇にしなければ納得できない。民事訴訟を提起する」と主張しました。

⑭　なお、総務部長は、両親に次の事実も話しました。

１）　Ｂ女の母親が、以前、Ｂ女の同僚女性従業員に「娘（Ｂ女）は以前、学校でパニック状態になったことがあるので、心配している」と話をしたことがあること。

２）　Ｂ女は、職場に好意を持っている男性従業員がいたが、その男性が平成27年11月に他の同僚女性と結婚した。社内では「Ｂ女は、セクハラ被害によりパニック障害を発症し、欠勤しているのではなく、失恋のショックから発症して欠勤するようになった」と噂されていること。

97

第2章　セクハラ

　　3）B女が所属していた作業チーム（メンバー6人）では、20代男
　　　女の従業員同士で出勤後のあいさつの際、肩をたたきあったり、
　　　軽口を言い合ったりしていた。その中で、B女も他の男性の同僚
　　　従業員（加害者とされている者も含む）の肩をたたくことや、
　　　「デブ、元気か!?」、「ハゲ、顔色が悪いよ!?」等と問題言動をし
　　　ていた事実があること。

　　　そして、総務部長は、B女がパニック障害を発症した原因が、加
　　害者とされる3人の行為のみによるものとは断言できない、と主張
　　しました。両親は、上記1）、2）、3）のことを認めませんでした。

⑮　総務部長は、この後も2回B女宅を訪れて話し合いを続けました
　　が、懲戒処分の内容については「物別れ」に終わりました。

⑯　その後、B女の両親から総務部長に「B女の症状は精神的に落ち
　　着きを取り戻しつつあるが、この後、当分の間は自宅療養に専念さ
　　せたい。」と連絡がありました。

　　　そして、両親から上記と同じ内容が記載された主治医の診断書が
　　郵送されてきました。

⑰　総務部長は両親と協議し両親とB女の同意を得た上で、B女を私
　　傷病休職（2カ月間、無給）としました。

⑱　同じく、B女が健康保険の傷病手当金（内容は、前記⑪に記載）
　　を受給できるよう健康保険組合に手続きを行いました。

⑲　その後、B女からX社あてに自筆の「退職願い」が届き、会社は
　　それを受理して、退職の手続きを行いました。

⑳　B女は、通算して、1年6カ月間健康保険の傷病手当金（月給の
　　3分の2相当額）を受給しました。

㉑　総務部長は、この間、本社顧問（労務担当）と協議し、従来から
　　設けられている懲罰委員会（同規程）とは別に、「ハラスメント防
　　止対策規程」（**図表51**）（104頁）および「ハラスメント防止対応委
　　員会設置・運営規程」（**図表52**）（106頁）を作成し、施行しました。

98

　　　　　　　　　　　　　　1　企業のセクハラトラブル事案、対策の実施例、規程例は

　ハラスメント防止対応委員会の構成メンバー、事案への対応手順は
　図表53（107頁）のようになっています。
㉒　「ハラスメント防止対策規程」に基づき、社内においてセクハラ、
　パワハラ及びマタハラ（マタニティ・ハラスメント：妊娠・出産、
　育児休業、介護休業等を理由とする不利益取扱いやいじめ、嫌がら
　せ等のこと）についての各種研修会や広報活動を行いました。
㉓　以後、X社では、セクハラやパワハラ、マタハラ等をめぐるトラ
　ブルは発生していません。

第2章　セクハラ

2　前記①の対策例に学ぶセクハラ等対応実務の留意点は

☞ポイント

慎重、かつ、公平な対応が求められる。

1　精神疾患発症の場合、既往歴の有無に注意を

　精神疾患のある者がその既往歴のあることを採用選考の際には隠して入社し、その後、何かのきっかけで発症した際に、会社の業務や人間関係等にすべての原因があるかのように主張する従業員もいます。

　会社側としては、慎重、かつ、公平な事実の把握、評価、対応が求められます。

2　懲戒処分を行う場合の留意点は

(1)　懲戒処分の種類・内容は

　次の**図表49**のとおりです。

(2)　有効に懲戒処分を行うための要件は

　イ　セクハラ等の加害者に対して、重い懲戒処分（懲戒解雇、諭旨退職、休職・出勤停止、減給、降格等）を行う場合には、当人から会社に対して、「懲戒処分は無効である」などとする民事訴訟等が提起された場合に備えて、あらかじめ、当人に弁明（事実の説明、反論等）の機会を与え、弁明の内容を記録に残しておくことが必要です。

　　　前記①の例では、懲罰委員会を開催して、懲戒処分対象者に弁明の機会を与え、それを踏まえて、事実の確認、懲戒処分の種類・内容の審議・決定を行っており、この点に問題はありません。

　ロ　上記イのほかに、次の点に留意して行うことが必要です。

② 前記①の対策例に学ぶセクハラ等対応実務の留意点は

図表49　主な懲戒処分の種類とその程度

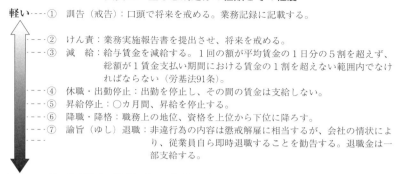

① 訓告（戒告）：口頭で将来を戒める。業務記録に記載する。
② けん責：業務実施報告書を提出させ、将来を戒める。
③ 減　給：給与賃金を減額する。1回の額が平均賃金の1日分の5割を超えず、総額が1賃金支払い期間における賃金の1割を超えない範囲内でなければならない（労基法91条）。
④ 休職・出勤停止：出勤を停止し、その間の賃金は支給しない。
⑤ 昇給停止：○カ月間、昇給を停止する。
⑥ 降職・降格：職務上の地位、資格を上位から下位に降ろす。
⑦ 諭旨（ゆし）退職：非違行為の内容は懲戒解雇に相当するが、会社の情状により、従業員自ら即時退職することを勧告する。退職金は一部支給する。
⑧ 懲戒解雇：即時解雇し、退職金の全部または一部を支払わない。
③減給〜⑤昇給停止は、業務実施報告書提出と併せて定めることも可能。

① あらかじめ、就業規則に懲戒処分の種類と内容、事由を定めておくこと。

② 従業員の非違行為があった後に規則を定め、さかのぼって規則を適用し、懲戒処分することは認められない。

③ 懲戒処分の重さと非違行為の悪質・重大さとのバランスがとれていること。軽い非違行為（例えば遅刻等）に重い処分（懲戒解雇）を科すと、懲戒権の濫用であるとして、その処分は無効になる。

④ 二重処分をしないこと。例えば、悪質・重大なセクハラ行為をした従業員に対して、減給処分のうえ懲戒解雇することは認められない。

　　前記①の事例の場合、加害者とされた3人に対しては月給の減給制裁のみを行っており、この点について問題はありません。

　　なお、同3人の他支店への配置転換は懲戒処分（更迭）ではなく、当人らの同意を得て、定期的な人事異動の一環として行っているので、二重処分には該当しないと考えられます。

(3) 減給制裁の限度額については、労基法で「減給の限度は、1回の額が平均賃金の1日分の5割を超えず、総額が1賃金支払い期間

（月給制の場合には、１カ月間）における賃金の１割を超えてはならない（労基法91条）」と規定されていますので、この限度内で行ってください。

前記１の事例では、月給額（基本給）の３％の減給としていますので、労基法上問題はありません。

3　業務上疾病か否かにより取扱いはまったく異なる

前記１の事例で、仮に、Ｂ女が「パニック障害の発症は会社でのセクハラ被害によるもので業務上疾病（労働災害）である」として労働基準監督署長に対して労災補償給付の請求を行い、労基署長から労災認定された場合には、労災保険から各種の補償給付が行われます。

この場合には、健康保険の傷病手当金等の給付は受けることができません。

上記の場合に、Ｂ女がさらに、Ｘ社に対して「当人が会社内のセクハラ被害によりパニック障害を発症したのは、会社がセクハラ防止対策という労働環境整備義務を怠ったからである」として安全配慮義務（就業環境整備義務）不履行であるとして民事訴訟（損害賠償請求）を提起し、勝訴した場合には、会社はＢ女に損害賠償金を支払わなければならなくなります。

従業員が精神疾患（障害）を発症した場合、その原因が業務上であるか、業務外（私傷病）であるかにより、**図表50**のように使用者（会社）の法的責任の有無、社会・労働保険の給付の種類がまったく異なることになるので、十分に留意し、対応してください。

② 前記①の対策例に学ぶセクハラ等対応実務の留意点は

図表50　精神疾患の原因が業務上・外のいずれかによる使用者責任、社会・労働保険
　　　　給付の違い

1　精神疾患の原因	2　使用者責任の有無	3　社会・労働保険の給付の種類	4　使用者の損害賠償支払義務
①　業務上の事由による疾病	有	労災保険の各種補償給付	安全配慮義務（労働環境整備義務）不履行による損害賠償支払義務あり
②　業務外の事由による疾病（私傷病）	無	健康保険の給付（傷病手当金ほか）	損害賠償支払義務なし

103

第2章　セクハラ

第4節　ハラスメント全般に関する就業規則の規定例等

図表51　ハラスメント防止規程例

（目的）
第1条　この規程は、当社の社員に関して、ハラスメントの防止のための措置およびこれらに起因する問題が生じた場合に適切に対応するための措置に関し、必要な事項を定めることにより、職場における人事の公正の確保、役職員の人権・利益の保護および役職員の業務能率の発揮を図ることを目的とする。
（定義）
第2条　この規程において、次に掲げる用語の意義は各号に定めるとおりとする。
　①　「社員」とは、正社員、契約社員、パートタイマー、およびアルバイターをいう。
　②　「関係者」とは、社員の家族、関係業者等の職務上の関係を有する者をいう。
　③　「ハラスメント」とは、次のいずれかに該当することをいう。
　　イ　セクシュアル・ハラスメント（他の者を不快にさせる職場における性的な言動および社員が他の社員を不快にさせる職場外における性的な言動）。
　　ロ　パワー・ハラスメント（同じ職場で働く者に対して、職務上の地位や人間関係などの職場内の優位性を背景に、業務の適正な範囲を超えて、精神的、身体的苦痛を与える、または職場環境を悪化させる行為）。
　　ハ　マタニティ・ハラスメント（女性社員の妊娠・出産、育児休業、介護休業等を理由として、他の社員がいじめ、嫌がらせなどの言動を行うこと）。
　　ニ　パタニティ・ハラスメント（男性社員が育児休業、介護休業等を通じて父性を発揮することについて、他の社員がいじめ、嫌がらせなどの言動を行うこと）。
　　ホ　LGBTハラスメント等（その社員の性的指向・性自認に関する他の社員の言動による権利・利益の侵害その他のあらゆるハラスメント）。
　④　「ハラスメントに起因する問題」とは、ハラスメントを受けることにより、社員の就労上の環境が害され、職務に専念することが出来なくなる程度の就労上の環境が不快になることおよび、ハラスメントへの対応に起因して社員が就労上の不利益を受けることをいう。
　⑤　「不利益」には次のようなものを含む。
　　イ　昇級・昇格、配置転換等の任用上の取扱いや、昇格・昇給等の給与上の取扱い等に関する不利益。
　　ロ　誹謗中傷を受けることその他の事実上の不利益。
（社員の責務）
第3条　社員は、本規程の定めるところに従い、ハラスメントをしないように注意しなければならない。
（管理監督者の責務）
第4条　社員を管理監督する地位にある者（以下、「管理監督者」という。）は、次の各号に掲げる事項に注意してハラスメントの防止および排除に努めるとともに、ハラスメントに起因する問題に迅速かつ適切に対処しなければならない。

104

① 日常の執務を通じた指導等により、ハラスメントに関し、社員の注意を喚起し、ハラスメントに関する認識を深めさせること。

② 社員の言動に十分な注意を払うことにより、ハラスメントに起因する問題が職場に生じることがないように配慮する。

（広報、研修等）

第5条　会社は、ハラスメントの防止等を図るため、社員に対して必要な広報、研修等を実施するよう努めるものとする。

2　会社は、新たに社員となった者に対し、ハラスメントに関する基本事項について理解させるため、および新たに管理監督者となった社員に対し、ハラスメントの防止等に関し研修を実施するものとする。

（被害等相談への対応）

第6条　会社は、ハラスメントに関する被害等の申出および相談（以下、「被害等相談」という。）が社員からなされた場合に対応するため、本社および各支店の総務グループに相談窓口（以下、「相談員」という。）を配置するものとする。

2　相談員は、ハラスメントについての被害等相談があったときその他ハラスメントに関する事実を確認したときは、ただちに所属事業所長に報告しなければならない。

3　相談員は、所属事業所長の指示のもとに、被害等相談に係る問題の事実関係の確認および当該被害等相談に係る当事者に対する助言等により、当該問題を迅速かつ適切に解決するように努めるものとする。

（プライバシーの保護）

第7条　相談員は、当事者およびその他の関係者から公正な事情聴取を行うものとし、その際には事情聴取対象者の名誉・人権およびプライバシーに十分配慮しなければならない。

（不利益取扱いの禁止）

第8条　会社は、ハラスメントに関する被害等申出、当該被害等申出に係る調査への協力その他ハラスメントに関して正当な対応をした社員に対し、そのことをもって不利益な取扱いをしてはならない。

（ハラスメント防止対応委員会）

第9条　会社は、ハラスメントに関連する問題について審議・対応するため、本社にハラスメント防止対応委員会を設置するものとする。

2　ハラスメント防止対応委員会の設置・運営に関する事項については、ハラスメント防止対応委員会設置・運営規程に定めるところによる。

（懲戒処分）

第10条　会社は、ハラスメントの事実関係があり、処分が必要と認められた場合、当該行為を行った社員に対し、就業規則に基づいて懲戒処分を行う。

（役員への規程の準用）

第11条　この規程は、当社役員について準用する。

附則

1　この規程は、令和○○年○月○日から施行する。

2　この規程の主管者は、本社総務部長とし、事務局は同部人事課とする。

第2章　セクハラ

図表52　ハラスメント防止対応委員会設置・運営規程例

（目的）

第1条　この規程は、ハラスメント防止対応規程第9条に基づくハラスメント防止対応委員会の適切な設置および運営を行うために定めるものである。

（委員会の構成）

第2条　本委員会の構成員は、次のとおりとする。

① 委員長：本社総務部長

② 委員：本社人事課長、本社・各支店の相談員各1名（合計6名）

　いずれかの委員の中で出席できない委員がいる場合は、当該委員が指名する社員を代理出席させることができる。

（事実関係の確認）

第3条　各委員は、ハラスメント被害等の申出に対して、当事者はもとより関係者から事実関係を聴取・調査・確認し、公正かつ適切な対応・解決を図るものとする。

（委員会の招集）

第4条　本委員会の委員長は、前条に基づき、ハラスメントまたはその他の行為で被害等申出者に不利益な状況を把握した場合は、第2条の本委員会メンバーに招集をかけ、当該ハラスメント被害等事案の事実を確認し、解決方法、加害者に対する懲戒処分案等に関する審議を行う。

2　前項の際は、当該ハラスメントの当事者に弁明の機会を与えるため、当事者を出席させるか、または当事者に申述書の提出を求め、公正かつ適正な判断ができるように努める。

（懲戒処分）

第5条　本委員会は、就業規則（本則）第○○条（契約社員およびパート・アルバイト等の非常勤社員については、就業規則第○○条）に基づく懲戒処分が妥当と判断した場合には、代表取締役社長に対してその旨の報告を文書にて行い、会社として懲戒処分を決定する。

2　会社は、本委員会の提出した懲戒処分案の決定に当たっては、就業規則第○○条に基づいて対処するものとする。なお、契約社員およびパート・アルバイト等の非常勤社員については、就業規則第○○条、○○条に基づいて対処するものとする。

（役員への規程の準用）

第6条　この規程は、当社役員について準用する。

附則

1　この規程は、令和○○年○月○日から施行する。

2　この規程の主管者は、本社総務部長とし、事務局は同部人事課とする。

② 前記①の対策例に学ぶセクハラ等対応実務の留意点は

図表53　ハラスメント防止対応委員会のメンバー、事案への対応手順例

（社内通達の概要）
1　本社ハラスメント防止対策委員会は、次のメンバーで構成する。
　　なお、いずれかの委員が所用のため出席できない場合は、当該委員が指名する社員を委員会に代理出席させる。
　　委員長：本社総務部長
　　委員：本社人事課長、本社・各支店の相談員各1名（合計6名）
2　ハラスメント防止対策規程に基づく事案についての対応の手順は、次のとおり、本社と各支店の社員が連携し、迅速・適切に対応する。
(1)　支店内の対応手順
　支店長
　　↑
　相談員
　　↑
　社員（被害等相談）
　　　A：相談員は、支店長に被害等相談受付の報告をする。
　　　B：支店長は、相談員に関係者間の事実関係の調査を命じる。
　　　C：第一次対応を行う。
　　　D：A～Cの対応の進捗状況を適宜、本社総務部人事課に報告する。
(2)　本社総務部人事課の対応手順
　　事実関係の調査等の対応の進捗状況を適宜、人事課長に報告する。必要であれば、当該支店を訪問し、調査、研修等を行う。
(3)　本社人事課長の対応手順
　　事実関係を調査し、本委員会の招集の提案を行う。ハラスメント防止の意識啓蒙の状況を確認し、研修を行う。
(4)　本社総務部長の対応方法
　　人事課長の本委員会招集の提案内容を検討し、同委員会を招集し、事案の検証と当事者に対する適切な懲戒処分案と今後の対策案を代表取締役社長に提案する。

第3章　マタハラ・パタハラ・LGBT ハラスメント等

第3章　マタハラ、パタハラ、LGBT ハラスメント等

1　従来からの、従業員の妊娠・出産、育児休業、介護休業等を理由とする事業主の不利益取扱いの禁止規定の内容とは

☞ ポイント

　従来から、法規定（男女雇用機会均等法、育児・介護休業法）により、事業主の**図表54**の不利益取扱いは禁止されていた。

　従来から、法規定により、従業員の妊娠・出産、育児休業、介護休業等を理由として、事業主がその従業員に対して、解雇その他の不利益取扱い（就業環境を害する行為を含む）をしてはならないと定められていました（均等法9条3項、育児・介護休業法10条・16条）。

　具体的な内容は、**図表54**のとおりです。

① 従来からの、従業員の妊娠・出産、育児休業、介護休業等を理由とする事業主の不利益取扱いの禁止規定の内容とは

図表54　従業員の妊娠・出産、育児休業、介護休業等を理由とする事業主の不利益取扱いの禁止義務

事業主が、従業員の 次のような事由を理由として	事業主が、従業員に対して 次の不利益取扱いを行うことは違法
妊娠中・出産後の女性労働者の ・妊娠、出産 ・妊婦健診などの母性健康管理措置を受けた ・産前・産後休業 ・軽易な業務への転換 ・つわり、切迫流産などで仕事ができない、労働能率が低下した ・育児時間を取得した ・時間外労働、休日労働、深夜残業をしない 子どもを持つ労働者・介護をしている労働者の ・育児休業、介護休業 ・育児のための所定労働時間の短縮措置（短時間勤務）、介護のための所定労働時間の短縮措置等 ・子の看護休暇、介護休暇 ・時間外労働、深夜残業をしない ※上記は主なもの	・解雇 ・雇止め（契約不更新） ・契約更新回数の引き下げ ・退職や正社員を非正規社員とするような契約内容変更の強要 ・降格 ・減給 ・賞与等における不利益な算定 ・不利益な配置変更 ・不利益な自宅待機命令 ・昇進・昇格の人事考課で不利益な評価を行う ・仕事をさせない、もっぱら雑務をさせるなど就業環境を害する行為をする

第3章　マタハラ・パタハラ・LGBTハラスメント等

② 男女雇用機会均等法、育児・介護休業法の改正（平成29年1月施行）により追加された規定内容は

☞ ポイント

事業主に、従業員が他の従業員に対してマタハラ、パタハラを行わないようにする防止措置義務が規定された。

1　新たな問題点は

近年、妊娠・出産、育児休業、介護休業をしながら継続就業しようとする男女労働者の就業環境の整備については、事業主による妊娠・出産、育児休業、介護休業等を理由とする不利益取扱いのみならず、上司・同僚によるいじめ、嫌がらせなど（いわゆる「マタハラ（マタニティ・ハラスメント）」、「パタハラ（パタニティ・ハラスメント）」が大きな問題となってきました。

マタハラとは、女性従業員の妊娠・出産、育児休業、介護休業等が業務に支障をきたすとして、上司、同僚等がその従業員に対して退職を促すなどのいじめ、嫌がらせ等の言動をすることをいいます。

また、パタハラとは、男性が育児参加を通じて自らの父性を発揮する権利や機会を、職場の上司や同僚などが侵害する言動に及ぶことをいいます。パタニティ（Paternity）は、英語で「父性」を意味する言葉です。

2　平成28年男女雇用機会均等法・育児・介護休業法の改正により事業主のマタハラ・パタハラ防止措置義務を追加規定

平成28年の均等法・育介法改正（平成29年1月施行）では、事業主に対して、上司・同僚などが職場において、妊娠・出産、育児休業、介護休業等を理由とする就業環境を害する行為をすることがないよう

110

② 男女雇用機会均等法、育児・介護休業法の改正（平成29年1月施行）により追加された規定内容は

に防止措置（※）を講じなければならないことが追加規定されました（**図表55**）。

※防止措置の内容は、労働者への周知・啓発、相談体制の整備等です。

従業員は、他の従業員に対して、いわゆるマタハラ、パタハラを行ってはなりません。

図表55　従業員の妊娠・出産，育児休業，介護休業等を理由とする不利益取扱いの禁止・防止措置義務

	従来の均等法・育介法の規定	均等法・育介法改正後の規定
	事業主の不利益取扱いの禁止（均等法9条3項、育介法10条・16条）	左記に加えて事業主の防止措置義務規定を新規に追加（均等法11条の2、育介法25条）
禁止と義務の対象	事業主	事業主
内容	妊娠・出産、育児休業、介護休業等を理由とする不利益取扱いをしてはならない。 ※就業環境を害する行為を含む。	上司・同僚などが職場において、妊娠・出産、育児休業、介護休業等を理由とする就業環境を害する行為をすることがないように防止措置（※）を講じなければならない。 ※労働者への周知・啓発・相談体制の整備等の内容を厚生労働大臣指針で規定。

111

第3章　マタハラ・パタハラ・LGBTハラスメント等

③　女性従業員の妊娠を理由とする事業主の不利益取扱いの禁止の具体的内容は

☞ ポイント

　例えば、つわりで欠勤しがちなパートタイム労働者の労働契約を更新しないことも不利益取扱いとして禁止される。

①　質問事項

　妊娠4カ月の有期契約のパートタイム労働者がいます。つわりがひどく、欠勤しがちです。このような場合、事業主は、そのパートを雇止め（契約不更新）にしてよいですか。

②　ポイントは

　雇止めは不利益取扱いにあたり禁止されています。

③　妊娠を理由とする不利益取扱いの禁止規定の内容は

　均等法9条により、事業主が従業員に対して、妊娠を理由とする不利益取扱いをすることは禁止されています。ここでいう「不利益取扱い」には、期間を定めて雇用される者につき、契約の更新をしないことも含まれます。

　また、妊娠中の解雇は「妊娠を理由とする解雇でないこと」を事業主が証明しない限り無効となります（均等法）。さらに、会社側の行う雇止め（契約不更新）であっても、契約の更新を繰り返し、事実上、期間を定めない労働契約と同じような状況になっている場合には、解雇と同様に規制されます。

④ LGBT ハラスメントなどの禁止とは

☞ ポイント

　従業員は、セクハラ・パワハラ・マタハラ・パタハラのほか、性的指向・性自認に関する言動によるものなど、職場におけるあらゆるハラスメントにより、他の従業員の権利、利益、就業環境を害するようなことをしてはなりません。

　また、事業主は、上記のことの防止、発生時の対応などの措置を講じなければなりません。

1　性的指向・性自認の多様性とは

これらについては、**図表56**のように多様性があります。

2　従業員の禁止される言動とは

　従業員は、他の従業員等の性的指向・性自認等について差別、排除、無視、いじめ、いやがらせなどの当人の権利、利益、就業環境を害する言動を行ってはなりません。

3　事業主の義務は

　事業主は、自社の従業員による上記2の言動等の防止、発生時の対応など必要な措置を講じなければなりません。

第3章　マタハラ・パタハラ・LGBTハラスメント等

図表56　性的指向・性自認の多様性

	セクシュアルマイノリティー （性的少数者）	セクシュアル マジョリティー （多数者）
性的指向 （恋愛対象）	Lesbian（レズビアン；女性の同性愛） Gay（ゲイ；男性の同性愛） Bisexual（バイセクシュアル；両性愛（パンセクシュアル；全性愛））	異性愛 （ヘテロセクシュアル）
性自認	Transgender（トランスジェンダー；心の性別と体の性別が違うと感じる。生まれ持った性別に違和感を感じる）	シスジェンダー

第3部

ハラスメント被害者が
発症するおそれのある
精神疾患の種類、特性、
職場における配慮の
しかた

第1章　精神疾患（障害）

第1章　精神疾患（障害）

1　職場で認識される精神疾患の種類は

☞ポイント

　うつ病、そううつ病、統合失調症、てんかん、パニック障害などがあります。

1　精神疾患（障害）の種類は

　主な精神疾患の種類は、**図表1**のとおりです。

　これらの精神疾患のうち主な①〜④については、本章の第1節から第4節において、それぞれの疾患の特性、原因、症状、職場における配慮ポイントなどについて説明します。

図表1　主な精神疾患の名前

1　名称（グループ名、または単独名）	2　左記1に含まれる障害
①　気分障害	うつ病、そう病、そううつ病
②　統合失調症	従来の「精神分裂病」
③　てんかん	
④　不安障害（神経症）等	パニック障害、心的外傷後ストレス障害（PTSD）、過換気症候群、適応障害、従来の「ヒステリー」その他
⑤　パーソナリティ障害	社会生活や職業生活に支障が生じるほどに「パーソナリティ〈人となり〉」が偏っているもの
⑥　アルコール・薬物・ギャンブル依存症	

116

（注記）1　職場で認識される精神疾患の種類は

2　職場で認識される精神疾患例と特性は

職場で認識される精神疾患例とその特性は、**図表2**のとおりです。

図表2　職場で認識される主な精神疾患

名　称	特　徴
うつ病	多忙や不安、人間関係などによるストレス等をきっかけにして、精神的・身体的な症状（うつ状態）があらわれる病気
そううつ病	そう状態とうつ状態を繰り返す病気。うつ病とは異なる別の病気で治療法も異なる
うつ状態	うつ病やそううつ病といった診断名をつけられる段階には至っていないものの症状としてうつ病などに近いものがあらわれている状態
統合失調症	脳の機能に問題が起こることで生じるとされている精神病の一種。幻覚や幻聴、妄想といったものが主な症状
不安障害	本来、不安や恐怖を感じる対象ではないものにまで過剰に反応する症状があらわれる病気。社交不安障害やパニック障害、恐怖症などがある
適応障害	ある特定の環境や状態がその人にとって強いストレスとなり、不安症状や抑うつ状態といった症状が現れる状態にあること
自律神経失調症	ストレスやホルモンバランスの乱れなどが原因で自律神経が正常に働かず、めまいや動悸、頭痛、睡眠障害、倦怠感などが生じる病気。（現在では病名としてではなく、症状の1つとして理解されています。うつ病などの病気に付随してあらわれることもあります。）

（資料出所）「管理者のためのセクハラ・パワハラ・メンタルヘルスの法律と対策」17頁
　　　　　　戸塚美砂監修、三修社を一部修正のうえ使用。

3　医師の診断書の精神疾患名のつけ方も多様

1）気分障害（うつ病、そううつ病）以外の精神疾患で「うつ状態」
　がみられる場合には、「うつ状態」が出てきた背景を考える必要が
　あります。医師による診断が大切です。しかし、医師によっても判
　断の異なる場合があり、現場は混乱します。

　　病気が発生してくる環境要因を重視すると「適応障害」という診
　断が下る場合もありますが、本人要因を重視すると「うつ病」とい

117

う診断が下る場合もあります。どちらが正しいかを決めるのは困難な場合も多く、事件を起こした精神障害者の精神鑑定をすると、医師同士の意見が異なる場合もけっして珍しくはありません。このような診断を迷う場合には、症状をあらわす「うつ状態」という表現の診断書などが提出されることが多いのです。また、統合失調症や発達障害であっても、症状として「うつ状態」があると、精神疾患名は使わずに「うつ状態」という診断書が発行されることもあります。これを「状態像診断」といいますが、あからさまな診断名を避けて表現されている主治医の配慮とも理解できます。しかし、「うつ状態」が主要な症状であれば気分障害（うつ病、そううつ病）への配慮を行えばよいと考えられます。

２）現在、精神医学の進歩は著しい状況です。

このことなどから、精神疾患の中には、旧い名称と新しい名称が混在して使用されているケースもあります。

さらに、診察にあたった医師が例えば、「うつ状態」、「適応障害」のように、患者の不利益にならないように配慮してあいまいな病名を診断書に記載する場合もあります。

4　職場における対応方法は

その従業員の精神疾患の種類と状態によって、本人と周囲の人達のとるべき対応は異なります。周囲の人達がむやみにはげましたりするのは禁物です。

職場にうつ病やそううつ病、統合失調症等の精神疾患を抱えているのではないかと思われる従業員がいる場合には、管理監督者は、まず、当人に精神医療の専門医の診断を受け、適切な治療を受けるように促すことが重要です。

そのうえで、上記３のことも考慮したうえで、対応してください。

第1節　気分障害（うつ病、そう病、そううつ病）

① 気分障害（うつ病、そう病、そううつ病）とは

☞ポイント

気分障害とは、気分の浮き沈みが一定の期間正常な状態を超え、そのために考え方や行動面等にも障害が生じるものの総称です。

1　気分障害とは

気分障害というのは、気分の浮き沈み（ゆううつ感や気分の高まり）が、一定の期間、正常な範囲を超えた状態となり、それに伴い、その人の考え方や行動面、身体面などにも障害が生じるものの総称として使用されている病名です。

気分障害では、周期的に病気をくり返すことが多くあります。

その反面、病気の時期以外は、ほぼ正常な状態となります。

気分障害は、職業生活上、持続的な障害が残ることが少ない疾病でもあります。

2　気分障害にはうつ病、そう病、そううつ病がある

気分障害には、次の2種類があります。

① うつ病
② そう病
③ そううつ病

「うつ病」は、「うつ状態（精神状態・言動の落ち込み）」だけがあらわれるものです。

他方、「そう病」は、「そう状態（精神状態・言動の高まり）」だけがあらわれるものです。

119

第1章　精神疾患（障害）

また、「そううつ病」は、「うつ状態」と「そう状態」の両方をくり返すものです。

3　うつ病
―うつ病の別名は―

うつ病は、「うつ病エピソード」「反復性うつ病性障害」「大うつ病性障害」と呼ばれることもあります。

これらは医療診断における分類法の違いによるものです。

対象従業員から会社に提出される医療診断書にも、これらの名称が記載されることがあります。

4　軽度のアスペルガー症候群タイプの人のうつ病が問題化

ふつうにビジネスマンとして勤務している人の中に標記の人たちがいます。

知的能力に問題はありませんが、コミュニケーション、社会性に若干の問題をかかえています。当人も家族、職場の上司、同僚もそのことに気づいていません。これらの人が例えば、営業職への配置換え、管理監督者への昇格、各種のストレスの増加等をきっかけにして他者とのコミュニケーション、トラブル解決がうまくいかないことからうつ病を発症するケースが多く、最近、問題になっています。

2 うつ病を発症した従業員への、職場で配慮すべきポイントは

☞ ポイント

うつ病を発症するきっかけを個人・職場が認識し、人事異動等環境の変化があった者へのサポートを行うことなどが必要です。

1 うつ病の兆候は

従業員が「うつ病」になった場合、職場では、次のような兆候があらわれます。

- ○ 遅刻や欠勤が増える
- ○ 仕事がとどこおる
- ○ 口数が少なくなる
- ○ 表情や顔色がさえない
- ○ さまざまな身体の不調を訴える
- ○ 食事量が少なくなる
- ○ 自分を卑下し、「申し訳ない」といった発言、動作がみられる
- ○ 辞職をほのめかす

2 精神医療専門医等の受診をすすめる

職場において従業員に「うつ状態」の兆候が認められた場合には、まず、上司が個室を確保して、本人の話をじっくりと十分に聴くことが必要です。

そのうえで、当人に「うつ状態」が疑われる場合は、次のように対応します。

自社で産業保健スタッフ（産業医、精神医療専門医、保健師等）に委嘱していたり、雇用している場合には、これらのスタッフに相談す

第1章　精神疾患（障害）

るようにすすめます。これらのスタッフが自社にいない場合には、外部の精神医療機関に受診することをすすめます。

3　うつ病従業員に対する職場における当面の対応のしかたは

精神医療の専門機関から、「うつ病」と診断がついた場合は、主治医や産業医の指示に従い、職場ができる協力を行う必要があります。

「うつ状態」では、むやみに激励することは本人の自責感や絶望感を強めるために禁物です。また、自責感などに関連して辞職の希望が出されることがありますが、病気が回復するまで結論を先延ばしにする必要があります。早期に結論を出すと当人の病気が良くなってから後悔することが少なくありません。

4　職場におけるメンタルヘルス（心の健康）対策の必要性は

「うつ病」はかかりやすさに個人差があります。しかし、すべての人がかかる可能性のある病気です。一般的に言われている職場のメンタルヘルス（心の健康）対策が「うつ病」の発症や再発の予防に効果があるため、日頃より職場全体でメンタルヘルス向上の取り組みを積極的に行うことが有効です。

5　うつ病発症の要因と具体的な防止対策は

うつ病発症や再発に関連する職場の要因としては、職場の対人関係におけるストレス、長時間労働による過労や睡眠不足、人事異動（転勤、昇進、職務内容の変化など）が知られています。それらがきっかけとなることを個人および職場が認識するとともに、早め早めに対策を講じることが重要です。例えば、人事異動（転勤、昇進、職務内容の変化など）があった人に対しては、当人が新しい職場や仕事に慣れるまでの間、職場全体でサポートを行い、困ったことやわからないことが生じたときの相談体制を明確にするなどの対策が有効です。

122

3 新型（現代風）うつ病の特性は

③ 新型（現代風）うつ病の特性は

☞ ポイント

新型うつ病は、従来からのうつ病と次の３つの点で異なっています。

① 軽度の「そう状態（精神状態・言動等の高まり）」がみられること。

② 不安症状が強いこと。

③ 悪いことは、何事も他人のせいにすること。

例えば、自分がうつ病になったのは、もっぱら、会社の上司のせいだといったように考えるということです。

1 新型（現代風）うつ病とは

最近、「新型」うつ病という名称がよく聞かれます。これは、ウイルスが突然変異を起こして生まれた新型ウイルスとは違います。

症状が昔の病気とはいささか異なるうつ病という程度の意味です。ことさら「新型」といえるものではありません。

うつ病という中身は昔と変わらず、その外見、すなわち症状が変わってきたのです。つまり、「現代風のうつ病」というべきものです。

2 新型うつ病の特性は３点

⑴ 軽度の「そう状態（精神状態・言動等の高まり）」があること。

新型うつ病の１つ目の特徴は、多少活発だという程度の軽度な「そう状態（精神状態・言動等の高まり）」です。通常の躁状態は、精神病院への入院が必要な重い病状です。最近よくみられる躁状態は、少し元気な程度の軽い「そう状態」です。そして、その後に「うつ状態」が来ます。少し会社を休んで、調子が戻ってきたかなと思ってい

123

第1章　精神疾患（障害）

ると、再び軽い「そう状態」となり、再び「うつ状態」が来るのです。一見「うつ状態」を繰り返しているようにみえます。これは、「双極Ⅱ型障害」といいます。治療が非常に難しいのです。うつ病とは使う薬が異なるため、うつ病の薬を使っていては回復しません。医師は本人すら気づいていないこの軽い「そう状態」を見抜かなければなりません。単なる診察だけではなかなかわからないのです。「リワーク（復職支援）プログラム」に参加していれば、その人の言動をみられるので容易に判断できます。

⑵　「不安症状」が強いこと

　新型うつ病の２つ目の特徴は、「不安症状」が強いということです。新型うつ病は、発汗、動悸、息苦しさやパニック発作などの不安の症状で発症します。その後しばらくして、従来のうつ病の症状が現れてくるのです。これは、「職場結合性うつ病」といって、真面目な会社人間タイプの人ほど、この経過をたどることが多いと感じられます。現代のうつ病にとって、不安とそれに基づく身体の症状が重要な症状になっているのです。従来のうつ病にも、不安は症状の一つとして確かにありました。昔は「みんなに申し訳ないことをした」と自分を責めて、自殺を企てる場合が強かったのです。

　しかし、今はあまり深く考え詰めず、発作的に自殺を図る衝動的な自殺が多いのです。その背景には、非常に強い不安があるのではないかと思われます。

⑶　他罰性が強いこと─うつ病になった要因は自分にあるのではなく、会社のせいだと主張すること─

　新型うつ病といわれているケースの３つ目の特徴は、他罰性が強いことです。

　ある従業員がうつ病になった場合、多くは次の２つの要因が重なっていると考えられます。

①　会社側の要因

3　新型（現代風）うつ病の特性は

例えば、長時間労働であったこと、上司がきびしすぎたことなどストレスが強く当人に及んでいること。

② 自己側の要因

自分の考え方、物事の判断のしかた、何かしらの問題、課題にぶつかったときの解決のしかた、乗り越え方が上手ではないなどのこと。

しかし、その人は、自分に問題はなく、一方的に会社側が悪いと考え、主張します。

中には、会社に対して民事訴訟を起こし、損害賠償を請求する人もいます。

確かに、その人がうつ病になった要因としては、会社側がその人を働かせすぎたこともあるでしょう。

しかし、当人がうつ病になる要因にぶつかったときに、上手にそれを乗り越えたり、解決する考え方や方法を身につけていないことも要因として考えられます。このような対処のしかたを身につけていないと、その人が復職したり、再就職したりした際に、同じような問題にぶつかり、うつ病が再発することになります。

上述のようなうつ病は、「未熟型うつ病」、「ディスチミア親和型うつ病」と呼ばれています。

上記の傾向は、患者のうち比較的若い世代に多くみられます。

若い世代は年長者と異なり、自己主張が強い傾向にあります。

以上のことは、現代の風潮ともいえるものでしょう。

さらに、他罰性の強い新型うつ病の患者の中には、発達障害（アスペルガー症候群）の人もみられます。「アスペルガー症候群」の人の場合、コミュニケーション能力に障害があるため、企業組織の中で自分のストレスの要因を周囲の人達と話し合って上手に乗り越えたり、解決したりするのが苦手であるという傾向があります。

しかしながら、当人も周囲の人達も「アスペルガー症候群」であることに気がついていません。

125

第1章　精神疾患（障害）

3　新型うつ病への対応方法は

　このように「新型」うつ病はいくつかの点で従来のうつ病とは症状の表現や病気の在り様が異なります。このため、単に薬と休養ではなかなかよくなってきません。「リワーク（復職支援）プログラム」のような治療の場で集団という仲間の中で治っていく人も多く、心理療法も必要な場合が珍しくありません。

　最近は、病院、保健所、その他の医療機関、支援機関でリワークプログラムが行われています。

４　そううつ病とは

④　そううつ病とは

☞ポイント

　そううつ病は、「気分の落ち込み」と「気分の高まり」をくり
返す病気です。

１　そううつ病とは

　そううつ症というのは、気分の浮き沈みが、一定期間、正常な範囲
を超えた状態となりそれに伴い、当人の考えや言動に障害が生ずるも
のです。

　そううつ病は、「うつ状態（気分の落込み）」と「そう状態（気分の
高まり）」の両方をくり返すものです。

２　そううつ病の別名は

　そううつ病は、「双極性感情障害」「双極性障害」とも言われます。

３　そううつ病は再発しやすい

　「そううつ病」は再発することが多い疾患です。多くの人で症状が
ない時期でも再発予防の目的で継続した服薬を必要とします。そのた
め、定期的な通院時間の確保や職場における服薬のしやすさへの配慮
は不可欠となります。

　また、再発には生活リズムの乱れや対人ストレスなどが影響するこ
とが知られています。再発予防のためには過重労働や不規則勤務を避
け、職場の人間関係に配慮する必要があります。

４　再発した場合の職場の対応は

１）「うつ状態（精神状態・言動の落ち込み）」の状態で再発した場合

127

第1章　精神疾患（障害）

は、前述2)うつ病で説明したことに準じて対応します。

2）他方、「そう状態（精神状態・言動の高まり）」で再発した場合には、例えば次のような兆候が見られます。

○　日頃とは異なる快活さや誇大的な言辞

○　尊大な態度

○　会話や行動の量の増加

　これら「そううつ病」再発の兆候をいち早くキャッチし、早めの薬物調整や生活指導を行うことが重症化を防ぐ最も有効な手立てとなります。しかしながら、「そう状態」の初期においては、本人は快調と感じて自らの病状変化に気づかないことも多くあります。本人や家族よりも職場の上司や同僚がいち早くその変化をキャッチすることも稀ではありません。

　再発の兆候に気づいた場合は、まずは上司や信頼関係のある同僚がプライバシーに配慮しながら本人の話を十分に聞いたうえで、こちらの心配を率直に伝え、早めの主治医の受診や職場の自社の産業保健スタッフ（産業医、精神医療の専門医、保健師等）への相談を勧める必要があります。

第2節　統合失調症

1　統合失調症とは

☞ポイント

　統合失調症は、若い年代（20代など）で発症することが多く、幻聴や妄想のほか、感情表現が乏しくなるなどの症状が現れます。

1　統合失調症の病名、患者の状況は

　「統合失調症」は、以前は「精神分裂病」と呼ばれていました。しかし、精神が分裂していて何をするかわからない怖い病気といった間違った印象を与え、病名そのものが差別や偏見を助長する一因となっていたため、2002年に現病名に変更されました。

　「統合失調症」およびそれに類する疾患は、精神科入院患者の6割、同通院患者の4分の1を占めており、精神科医療の主要な対象疾患となっています。また、日常生活や職業生活に支障をきたす人も多いため、福祉的就労支援の対象となることが多い疾患でもあります。

2　統合失調症の発症年代、特徴は

⑴　若い年代で発症することが比較的多くみられる疾患です。

　総合失調症患者のうち、大多数の人が15歳から35歳の間で発症します。その中でも10歳代後半から20歳代前半に発症のピークがあります。学生時代あるいは社会人として門出を迎えた直後の発症は、その後の人生に少なからぬ影響を与えることになります。また、一生のうちにこの疾患にかかる確率は1%弱とされており、およそ100人に1人がかかる比較的よくある疾患といえます。性別によるかかりやすさの違いはほとんどありません。

第1章　精神疾患（障害）

⑵　はっきりとした原因は不明ですが、脳に機能障害が生じているため薬物を用いた治療を必要とします

　統合失調症の原因については諸説がありますが、未だ確定していません。しかしながら、脳の神経細胞間の情報伝達役である「神経伝達物質」の伝達が過剰であったり低下したりすることで、さまざまな症状を引き起こすことが徐々に明らかになりつつあります。

　統合失調症の治療では、これらの機能異常を調整する作用をもつ「抗精神病薬」という薬が中心的役割を果たします。

⑶　さまざまな特徴的な症状が出現します

　統合失調症の症状には、健康であればみられない症状が現れる「陽性症状」と健康な精神機能が低下したり失われたりすることによる「陰性症状」とがあります。

　「陽性症状」の主なものとして、実在しない人の声が聞こえる「幻聴」や実際にはあり得ないことを信じ込む「妄想」があります。「幻聴」の内容は、自分の悪口や噂話、命令などが多く、「妄想」では、他者から危害を加えられるなどの「被害妄想」や自分が偉大な人物と思い込む「誇大妄想」がみられます。それ以外にも、「自分の考えが人に伝わっているように思える」「自分の行動が他者に操られていると感じる」「話にまとまりがなく、何を言おうとしているか理解できない」などの症状があらわれることがあります。

　「陰性症状」には、「喜怒哀楽などの感情表現が乏しくなる」「意欲や気力が低下する」「会話が少なくなり、その内容も空虚になる」「他者との関わりを避けて引きこもる」などがあります。

　一般的に「抗精神病薬」は、「陰性症状」より「陽性症状」により効果を発揮する傾向があります。

⑷　発症前と比較して社会機能や職業機能が低下します

　日常生活や職業生活において、「複数のことを同時にこなす」「臨機応変に融通をきかせる」「新しい事態に今までの経験を応用する」な

どの器用さが乏しくなります。また、対人関係においても、「相手の気持ちや考えを察する」「気配りなどその場にふさわしい行動をとる」など気を利かせることが苦手になります。これらは「認知機能障害」という脳の障害により起こると考えられています。「認知機能」とは、記憶力や注意・集中力、物事を計画する能力、問題を解決する能力、抽象的な概念を作り上げる能力などのことです。これらの障害は症状が消失した後も持続する傾向にあります。

⑸　**経過は人によりさまざまです**

　長期的にみれば、半数またはそれ以上の人が、治癒に至るか、または軽度の障害を残すのみとなります。しかしながら、症状がなかなか改善せずに重度の障害が残る人が一定程度いることも事実です。

第1章　精神疾患（障害）

② 統合失調症回復者を雇用する場合、職場で配慮すべきポイントは

☞ ポイント

　定期的な通院時間の確保や服薬しやすい職場環境づくりなど治療継続に対する配慮が必要です。

　ここでは、企業が統合失調症回復者を精神障害者として雇用する場合の配慮点について説明します。

1　服薬継続に対する配慮とは

　統合失調症を発症した場合には、「抗精神病薬」による治療により、幻覚や妄想などの症状がいったん改善しても、薬を止めてしまうと数年のうちに60％〜80％の人が再発してしまいます。しかしながら、症状が改善した後も「抗精神病薬」を継続すると、再発率が減少することが知られています。そのため、症状が改善した後も、ある程度の期間服薬を続ける必要があります。仕事ができるまでに症状が改善した人についてもこのことは当てはまります。医師の指示に従って服薬を継続することが就労を維持するうえで最も重要なことといえます。

　職場には、定期的な通院時間の確保や服薬しやすい環境づくりなど、治療継続に対する配慮が求められます。

2　社会機能や職業機能の障害に対する配慮とは

　上述したように、統合失調症の症状が改善した人においても、種々の社会機能や職業機能の低下がみられることがあります。それらの特徴とその程度は人によりさまざまですが、職場で問題となりやすいものとして次の①〜⑭のことがあります。
①体力や持続力が乏しい。

132

②細かな指先の動作が苦手で作業速度が遅い。

③生真面目さや過緊張のため疲れやすい。

④注意や集中が持続せず、ミスを出しやすい。

⑤同時に複数のことをこなすのが苦手である。

⑥仕事の段取りをつけるなど全体把握が苦手である。

⑦明確な指示がないと仕事が滞るなどあいまいな状況で困惑する。

⑧融通や機転がきかず、手順や流儀の変更が難しい。

⑨経験を他の場面に応用することが苦手である。

⑩新しい職場環境や仕事内容に不安を覚え、適応までに時間がかかる。

⑪上司や同僚の評価に敏感で、注意や指摘を過度に気にする傾向がある。

⑫上司や同僚の依頼を断ることや頼むことが苦手である。

⑬相手の立場に立って考えるなど視点の転換が苦手である。

⑭失敗により自信を失いやすい。

　これらの特徴が明らかな場合でも、仕事の内容を考慮し、職場の対応を工夫することにより、職場適応を大幅に改善することができます。さらに、これらの障害特徴に配慮することは、職場でのストレスを軽減することにもつながり、再発予防に対する効果も期待できます。

第1章　精神疾患（障害）

第3節　てんかん

1　てんかんとは

☞ポイント

てんかんは脳の病気で、発作が起こります。

てんかんは治る病気です。

1　てんかんとは

てんかんは脳の病気です。

てんかんは発作が起きます。

てんかん発作は、全身がけいれんするもの、意識のあるもの、意識を失ってしまうものなど実に多くのタイプが見られます。

てんかんは10歳くらいまでの小児期と高齢者が多く発症する病気ですが、20代から60代の人まで一定の割合で発症します。

おおよそ100人に1人の人がてんかんを持っていると言われています。

2　てんかん発作の誘因は

てんかん発作の誘因は、**図表3**にようなことです。

図表3　てんかん発作の誘因

1．睡眠不足、覚醒・睡眠リズムの乱れ
2．体温上昇（高熱とは限らない）
3．精神生活上の問題：ストレスや過度の緊張あるいは緊張感の欠如
4．身体的な問題：疲労、不得手な運動、急激な運動
5．抗てんかん薬の急激な変更や中断

134

3　てんかん発作のタイプは

　てんかん発作は、脳の神経が一時的に激しく活動することにより起こるものです。

　発作はこの過剰な活動の始まり方から大きく二つに分類されます。

　一つは過剰な活動が脳の一部から始まるタイプで"部分発作"といいます。もう一つは、発作の始まりから脳全体が過剰な活動に巻き込まれるタイプで"全般発作"といいます。

4　てんかんの診断は

　てんかんの診断に最も重要なのは「発作の症状」です。

　しかし、医師が直接発作を診る機会はほとんどありませんから、発作を見ていた人の情報が診断上きわめて重要です。

　周囲の人は、発作に出会ったら冷静に観察する心構えが必要です。

　診断のための検査は、脳の機能を調べる検査として脳波検査も重要です。脳内の原因、構造の異常を探るための検査として MRI も重要です。

5　てんかんの治療方法は

　てんかんは治る病気です。

　てんかんの治療の基本は、「抗てんかん薬」による薬物療法です。

　薬は発作のタイプに従い選択され、最初の薬が効かない場合には2番目の薬を選択します。3番目までの薬で、70-80％の人の発作が止まります。それでも止まらない人は、外科的治療の可能性がないか検査することが推奨されています。

6　てんかん疾患の合併症は

　てんかん患者には、発作以外の症状をもつ人もいます。

第1章　精神疾患（障害）

　てんかん患者の約２割の人が、気分障害や不安障害（神経症）など
の精神障害の症状を合併します。また、記憶障害、注意障害、遂行機
能障害などの高次脳機能障害を合併することも少なくありません。

2　てんかんについての職場の安全確保の注意点は

☞ポイント

　あらかじめ、その人のてんかん発作の特徴を把握し、発作が起きた場合に安全を確保できる業務に配置することが必要です。

1　職務上の安全管理

　従業員がてんかん患者である場合には、その人のてんかん発作の特徴と業務内容をマッチングさせることが重要です。

①てんかん発作の特徴

a．起こりやすい状況があるか

　　睡眠不足、アルコール摂取、過労、夕方など疲労がたまった頃、光過敏など（134頁図表3参照）

b．発作症状：前兆（単純部分発作）、意識、転倒、自動症、全身けいれんの有無など

c．発作頻度：現在は発作が止まっている、発作は年に数回、月数回など

②業務内容、作業環境

　次のものには、従事させないようにしてください。

a．火など高温の物を扱う、先端や縁の尖ったものやむき出しの機械、産業用運転機械、自動車などの操作を伴うもの

b．高所での作業、流れ作業などをおこなうもの

2　てんかん発作時の周囲の対応

　周囲の者は、てんかん発作の種類ごとに**図表4**の①〜⑥のように異なる対応をとることが必要です。

137

第1章　精神疾患（障害）

図表4　てんかん発作のタイプと周囲の配慮ポイント

1　てんかん発作のタイプ	2　周囲の配慮ポイント
①意識があり、行為も保たれている発作	○様子を見ているだけでよい。
②行為が途絶えるが、倒れない発作（意識の有無を問わない）	○基本は様子を見ることです。 ○周囲に危険なものがある場合には、それを遠ざける
③転倒する発作（意識の有無を問わない）	○上記②と同じ配慮をするとともに、転倒防止のために作業環境を工夫する（1人での作業をさける、坐位での仕事で肘掛けイスを使うなど）
④意識障害があり、自動症（その場にそぐわない行動）をとる発作	○基本は、自動症を制するのではなく、静かに見守りながら、危険物をどかすなどします。 ○どかすことが困難な場合には、静かに危険物から遠ざけます。外力が不意で、大きいと抵抗を誘発しかえって危険をもたらすことがあります。静かで優しい介入を心がけます。
⑤全身のけいれん発作	○発作の最中に舌を咬んだとしても、窒息の危険はありません。 ○発作中に口を無理にこじ開けて指や箸などを挿入するのは不必要なだけでなく、危険ですから行ってはいけません。 ○頭の下に上着などクッションになるものを入れる、なかったら足を首の下に入れるなどして、ケガをしないよう配慮するとともに、発作の最中でも、眼鏡、ヘアピンなどケガをする可能性のあるものを外します。 ○発作の後は、嘔吐して肺に吐物が入るのを予防するために、体を横に向け（膝を曲げて肩をおこすと横に向けやすい）、意識が回復するまでそのまま静かに寝かておきます。
⑥発作が終った後は	○発作後、もうろうとしていたり、寝てしまう場合には、完全に元の状態に戻るまで休ませ、普段と同じ状態に戻ったら、元の業務に戻って構いません。 ○頭を打った場合、直後に問題はなくても最低1時間は、意識の状態や麻痺の有無など様子を慎重に観察してください。

1　不安障害（神経症）とは

第4節　不安障害（パニック障害、心的外傷後ストレス障害等）その他

① 不安障害（神経症）とは

☞ ポイント

　日常生活上の様々なストレス等により、精神的・身体的な症状が引き起こされる疾患です。

1　不安障害とは

　不安障害とは、精神的な葛藤や日常生活上のさまざまなストレスなどのこころの重圧により、精神的あるいは身体的な症状が引き起こされた障害のグループ名をいいます。「不安障害」の症状は不安や恐怖などわれわれが日頃経験するものの延長線上にあるものです。幻覚や妄想などの重篤な症状が出現することはありません。

2　不安障害の名称は

　不安障害は、従来は神経症と呼ばれていました。

　現在ではグループ名として「不安障害」と呼ばれるか、あるいは**図表5**のうちの個々の名称で呼ばれています。

3　不安障害の種類は

　不安障害の種類には**図表5**のものがあります。これらのうち、パニック障害と心的外傷後ストレス障害（PTSD）は、よく聞く障害名です。

139

第1章　精神疾患（障害）

図表5　不安障害の種類

```
①　パニック障害
②　心的外傷後ストレス障害（PTSD）
③　解離性障害（従来の「ヒステリー」）
④　社会恐怖症（従来の「対人恐怖症」、「赤面恐怖症」）
⑤　広場恐怖症
⑥　強迫性障害
⑦　身体表現性障害
```

4　不安障害の症状
　―他の障害に比べて軽症―

　不安障害は、一般的に、統合失調症や気分障害などと比べて軽症であることが多いです。不安障害は、症状により職業生活に支障が生じることはあっても、仕事の責任感や関心を失うことはありません。また、通常は、自己の状態が病的であるとの自覚もあります。

5　不安障害の治療方法は

　「不安障害」は、主観的には不安や恐怖などの苦痛を感じるものです。しかし、客観的にみれば現実生活における「適応障害」の要素があり、生活への再適応を支援することが治療の重要な要素となります。

　治療は「精神療法」に加え、「抗不安薬」や「抗うつ薬」などによる「薬物療法」が行われます。

　また、発症の原因となった環境要因があれば、その調整を行うことも重要です。

　精神療法というのは、病気による考え方の"ゆがみ"を直したり、不安や恐怖をとりのぞいたりするものです。

　薬ではできない心理面の治療をするものです。

　医師や臨床心理士がカウンセリングを中心にして導いていきます。

140

② 従業員が不安障害（神経症）になった場合、職場で配慮すべきポイントは

☞ ポイント

　その疾患の特性や症状の特徴を理解した上で適切に対応し、本人に安心感を与えるようにすることが必要です。

1　支援対象になることは少ない

　「不安障害（神経症）」では、本人の苦痛や生活適応の問題が生じます。しかし、「統合失調症」や「気分障害（うつ病、そううつ病）」にみられるような社会機能や職業機能の低下をきたすことは稀です。そのため、症状を抱えつつも、それなりに社会生活や職業生活を営んでいる人も多く、福祉施策や就労支援の対象となることが少ない疾患といえます。

2　発症時の対応方法は

　しかし、症状出現に伴い、職場の対人関係や職務の遂行に支障が生じる場合もあるため、職場が疾患や症状の特徴を理解したうえで適切に対応することが、本人の安心感にもつながり、結果として職場適応を助けることになります。

3　パニック発作時の対応方法は

　例えば、職場で「パニック発作」が生じた場合、本人の呈する症状が激しくても比較的短時間で治まることが予想されます。このため、周囲が大騒ぎをせずに休養室や保健室などに誘導して休ませることが適切な対応といえます。職場において問題となる症状があるときは、本人と職場の上司、同僚との間で症状出現時の対応について話し合い

第1章　精神疾患（障害）

をもつことが望まれます。また、職場の産業保健スタッフ（委嘱している産業医、専門医等）に、当人の疾患の理解や対応の仕方について助言を求めることも検討に値します。

なお、不安障害者のパニック発作であらわれる症状例は、**図表6**のとおりです。また、不安障害者のパニック発作のタイプは**図表7**のとおりです。

4　不安障害には職場での調整を

不安障害（神経症）の発症には、職場の対人関係や役割の葛藤など職場の問題が関係する場合があります。このため、本人の悩みを傾聴し、職場に由来する問題があれば、可能な職場調整を行うことも有効です。

② 従業員が不安障害（神経症）になった場合、職場で配慮すべきポイントは

図表6　不安障害者のパニック発作であらわれる症状

1　**動悸・息切れ、発汗、ふるえ、口の渇き**
 ●心臓が破裂する、口から飛び出す、わしづかみにされる、と感じる
 ●冷や汗をかき、それが理由もない不吉な感覚を生む
 ●手足や体がふるえる、ガクガクと動く
 ●口の中がザラザラ、ヒリヒリとして渇く
2　**過呼吸、胸痛、腹部の不快感、吐きけ、便意・尿意**
 ●呼吸のしかたがわからない
 ●息がつまる、吸えない、窒息しそうになる
 ●胸（心臓）が痛い、胸部の不快感
 ●おなかの中がぐちゃぐちゃになる感じ
 ●吐きけ、腹部の不快感
 ●排便や排尿をしたくなる
3　**めまい、恐怖、離人症状・現実感喪失**
 ●頭がふらふらして失神しそうになる
 ●気が変になりそうになる、恐怖感をコントロールできない
 ●死んでしまうのではないかと恐怖を感じる
 ●自分が自分でない感じ（離人症状）、現実感がない
4　**熱感・冷感、しびれ、筋緊張、脱力、身体感覚の鈍磨**
 ●顔や体がカーッと熱くなる、逆に冷たくなる
 ●手足や体のしびれ、うずき感
 ●筋肉がかたくなり、体が動かしにくい、肩がこる
 ●腰がぬける、足に力が入らない
 ●体が重い布でおおわれた感じ

図表7　不安障害者のパニック発作には3タイプある

不安障害者のパニック発作は、誘因（引きがねになるもの）があるかどうかで3つのタイプに分かれます。どのような状況で起こったかを知ることは、病気を見きわめるために重要です。
①**時や場所を選ばず、不特定な状況で起こるタイプ**
 （パニック障害の発作）
②**特定の状況に限って起こるタイプ**
 （恐怖をいだいている対象に直面したり、それを予期して緊張が高まったときなど、特定の状況で起こる。これを「状況結合性パニック発作」といい、恐怖症やストレス障害などに見られる）
③**①と②の中間で、特定の状況で起こりやすいが、起こらない場合もあるタイプ**
 （状況に依存しやすいパニック発作）

143

第1章　精神疾患（障害）

③　パニック障害とは

☞ポイント

　パニック障害の病気の始まりは、理由もなく、不意に起こるパニック発作です。

　突然はじまる激しい呼吸困難、動悸、めまい…。本人は「このまま死ぬのではないか」と不安や恐怖にかられます。しかし、症状は長くつづかず、30分程度でおさまります。

　パニック障害によるパニック発作の特徴は、**図表8**のとおりです。

　パニック障害は、**図表9**のような経過をたどります。

　パニック障害の原因は、脳の機能障害のため誤った指示が出て、パニック発作を起こすということです。

　パニック障害は、なぜ起きるのか？疑問を解くカギは脳にあります。脳内の危険を察知する装置が誤作動を起こしてまちがった指示を出す、脳の機能障害による病気という説があります。

　消えない不安が「予期不安」や「広場恐怖」を生みます。

144

3 パニック障害とは

図表8　パニック障害によるパニック発作の特徴

①理由もなく、不意に起こる
②くり返し起こる
③検査をしても、体の異常は見つからない
④1日24時間、夜でも昼でも起こる可能性がある

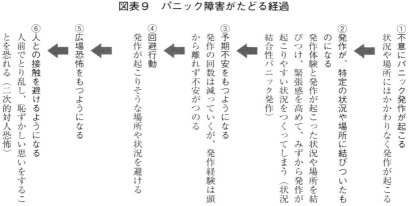

図表9　パニック障害がたどる経過

①不意にパニック発作が起こる状況や場所にはかかわりなく発作が起こる

②発作が、特定の状況や場所に結びついたものになる
発作体験と発作が起こった状況や場所を結びつけ、緊張感を高めて、みずから発作が起こりやすい状況をつくってしまう（状況結合性パニック発作）

③予期不安をもつようになる
発作の回数は減っていくが、発作経験は頭から離れず不安がつのる

④回避行動
発作が起こりそうな場所や状況を避ける

⑤広場恐怖をもつようになる

⑥人との接触を避けるようになる
人前でとり乱し、恥ずかしい思いをすることを恐れる（二次的対人恐怖）

　パニック障害は、薬物療法と精神療法（カウンセリング認知行動療法、自律訓練法）を併用して治療を行います。

第1章 精神疾患（障害）

④ 心的外傷後ストレス障害（PTSD）

☞ ポイント

心的外傷後ストレス障害（PTSD）は、恐怖体験が心（脳）に
衝撃を与え、元に戻せない傷をつくることによるものです。

1 心的外傷後ストレス障害（PTSD）の特性

心的外傷後ストレス障害（PTSD）は、恐怖体験が心（脳）に衝撃
を与え、元に戻せない傷をつくることによるものです。戦争、災害、
レイプ、交通事故など生命にかかわるような恐怖体験がトラウマとな
り、後遺症に苦しむのが PTSD です。

PTSD の研究は、ベトナム戦争のあとに進みましたが、まだ歴史が
浅く、誤解も多い病気（障害）です。

2 どのようなトラウマ体験が PTSD につながるか

図表10のようなトラウマ体験が PTSD につながる恐れがあります。

図表10 PTSD につながる恐れのあるトラウマ体験

PTSD の診断では、生命をおびやかすほどの強い体験で、恐怖感、無力感、
戦慄などの反応があるかどうかを見ます。
○自然災害（地震、津波、台風、洪水、火事などの被害。その後の避難生活）
○暴力・犯罪（家庭内暴力、強盗・傷害・殺人、レイプなどの性犯罪など）
○虐待、いじめ
○事故（交通事故、転落・転倒など）
○戦争（捕虜になり拷問を受けるなど）
○喪失体験（家族や親しい人の死、家屋の倒壊など）

146

3 PTSD発症にかかわる因子とは

トラウマ体験は、たしかに当人にとって大きなストレスとなります。しかし、トラウマ体験者が必ずしもPTSDを発症するとは限りません。**図表11**のプラス因子、リスク因子のように、当人のストレス耐性や発症をおさえる力を持つかどうか、身近な人の支えがあるかも影響します。

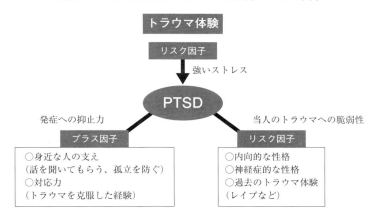

図表11　PTSD発症にかかわるリスク因子とプラス因子

4 PTSDの発症過程

PTSD症状の特徴（**図表12**）が1カ月未満で終わるのであれば急性ストレス障害（ASD）です。この場合には、解離症状が見られます。解離症状というのは、トラウマの苦しさや悲しみを受け止めきれず心が固まったようになる状態です。感情や現実実感が失われ、表面的には平然として見えます。

さらに特徴的な3タイプの症状（**図表12**）が1カ月以上続き、生活に支障がでていれば、PTSDの状態です。

第1章　精神疾患（障害）

図表12　PTSD の3タイプの症状

症状のタイプ	症状の内容
①再体験症状	トラウマとなった出来事を、再体験する症状です。そのときの不快で苦痛な記憶が、フラッシュバックや夢の形で繰り返しよみがえります。 特に強烈なのは「解離性フラッシュバック」で、その出来事を「今、現在」体験している状態になります。意識は現実から離れ、周囲が話しかけても反応しない場合もあります。
②回避・マヒ症状	トラウマ体験と関連する事柄（場所、行動、思考、感情、会話など）を避けます。また、体験そのものを思い出すことができなくなります。 苦痛が起こりそうな場面を避けるため、活動の範囲がせばまり、感情もマヒしたようになって、愛情や幸福感を感じにくくなるなど、心の変化が生まれる場合もあります。
③覚醒亢進症状	精神的な緊張が高まり、常にピリピリしているような状態になります。よく眠れない、イライラと怒りっぽくなる、物事に集中できない、警戒心が強くなる、ちょっとした物音などの刺激にもひどく驚く、といった状態になります。

5　PTSD の治療方法は

　PTSD への治療では、薬は症状をやわらげるために使います。これにあわせて、精神療法（カウンセリング、認知行動療法、対人関係療法）による治療を行います。

5 過換気症候群（かかんきしょうこうぐん）とは

☞ポイント

　この病気の特性は呼吸が深く速くなることにより、しびれ、けいれん、意識混濁などの症状を示すものです。

1　どんな病気か

　過換気とは、呼吸が深くかつ速くなることです。過換気により血中の二酸化炭素が排出され、血液がアルカリ性になります（呼吸性アルカローシス）。このため、しびれ、けいれん、意識混濁などの神経・筋肉症状を示す病態です。

　大変頻度が高く、また不定愁訴として軽く考えられる傾向がありますが、器質的な病変はないかどうか、精神的なケアの必要性はないかどうかなどの注意が必要です。後述のようにパニック障害との関係からも重要です。

2　原因は何か

　精神的な不安や心因性反応（ヒステリーなど）の場合がほとんどです。

　若年者や女性で精神的ストレスを受けやすい人によくみられます。男女比は1対2といわれています。

3　症状の現れ方は

　しばしば突然に呼吸困難を訴えます。呼吸困難の自覚なしに息が荒くなることもあります。過換気が起こると指先や口周囲のしびれ感、テタニー（筋の被刺激性が亢進した状態）、不穏興奮状態、意識混濁が現れてきます。

149

第1章　精神疾患（障害）

4　病気に気づいたらどうするか

基礎疾患がないかどうかの確認が必要です。また、類縁疾患として以下の3つがあるので、これらの疾患との区別も重要です。そのため、呼吸器内科、循環器科、精神科を受診することが必要なことがあります。

(1)　不安神経症

過呼吸発作症状での悪循環（不安がさらなる発作を誘発する）が生じる背景として、不安神経症に基づく情動不安性があります。

(2)　パニック障害（恐慌性障害）

144頁で説明しています。

(3)　神経循環無力症

心臓その他の臓器に原因となる器質的な病変が認められないのに、息切れ、心悸亢進、胸痛、疲れやすさなどを訴えます。心臓神経症とほぼ同義語です。

5　過換気症候群についての職場での配慮点は

精神的な不安や肉体的過労が症状の出現と関連することが多いため、安静、休息とし、必要ならば抗不安薬を内服します。発作を繰り返す場合、安定期に心理療法、行動療法を行うとよいことがあります。

（注）⑤の資料出所はヤフー

6 適応障害とは

6 適応障害とは

☞ポイント

　適応障害は、ストレスにより、苦痛や機能の障害が生じる精神障害です。

1 適応障害とは

　適応障害とは、はっきりと確認できるストレス因子によって、著しい苦痛や機能の障害が生じており、そのストレス因子が除去されれば症状が消失する特徴を持つ精神障害である。『精神障害の診断と統計マニュアル』（DSM）の『第4版』（DSM-Ⅳ）では適応障害として独立していたが、『第5版』（DSM-5）ではストレス関連障害群に含められ、他に急性ストレス障害や心的外傷後ストレス障害（PTSD）が含まれる。

　他の精神障害に当てはまるときはそれが優先される。うつ病との判別がつきにくい場合がある。また適応障害が、正当な臨床単位であることを確立するデータは不足している。

　適応障害は自然軽快することも多い。治療には心理療法が推奨され、薬物療法は証拠の不足により避けるべきである。

2 適応障害の症状は

・ストレスが原因で、情緒的な障害が発生し、それは抑うつ気分や不安などを伴うことが多い。また、青年期や小児期では、社会規範を犯すなど素行の問題が現れることがある。
・社会生活や職業・学業などにも支障をきたし、生活機能の低下や、業績・学力の低下、場合によっては就業・就学そのものが不可能になる場合がある。

第1章　精神疾患（障害）

・行動的な障害を伴う患者は、ストレスが原因で普段とはかけ離れた著しい行動に出ることがある。それらの行動の具体例としては、年相応の規則をやぶり、怠学、喧嘩、法律の不履行などが挙げられる。社会的ルールを無視するような行為、破壊や暴走、また暴飲などもある。

・軽度の行動的な障害としては、電話やメール、手紙に応答せず人との接触を避けて引きこもることも挙げられる。

3　不明確な臨床単位

臨床現場では一般的な診断名であるが、正当な臨床単位であることを確立するデータは不足している。適応障害とうつ病とを区別できるような、生物学的データによる証拠は存在しない。

4　適応障害の治療は

一般に適応障害は長く続かず、時間経過と共に消失する。自然に軽快することも多い。

（出典：フリー百科事典『ウィキペディア（Wikipedia)』）

（注）現在、精神疾患（精神障害）の名称、分類、原因、特性、対応方法等については、各専門機関、専門家により見解が異なっています。このため、第1章（第4節の④〜⑥を除く。）の記載内容については、主に、国の定めた法律に基づき設立・運営されている（独）高齢・障害・求職者雇用支援機構に所属する、障害者職業総合センターが作成し、公表されている「精神障害者雇用管理ガイドブック」41頁〜49頁の記載内容を基に記述しました。

第4部
従業員が精神疾患を発症した場合の使用者の義務・責任と社会・労働保険の取扱い

第1章　使用者の義務・責任

第1章　使用者の義務・責任
—安全配慮義務、損害賠償責任ほか—

> ### 1 従業員がうつ病等の精神疾患（業務上疾患）になった場合、企業はどのような責任を追及されるか

☞ ポイント

①安衛法・労基法等違反による刑事責任等、②労基法・労災保険法に基づく労災補償責任、及び③民法に基づく損害賠償責任の3つの責任が追求されます。

1　企業には3つの面で責任がある

自社の従業員が、業務上の事由によりうつ病等の精神疾患（業務上疾病）になった場合、企業は次の3つの責任を追及される可能性があります（**図表1**）。

①安衛法、労基法違反による刑事責任

②労基法および労災保険法による労災補償責任

③被災労働者（または遺族）に対する民事上の損害賠償責任

これらの3つの責任を、企業の誰が追及されるかは**図表1**のⅡ欄に示すとおりです。

154

① 従業員がうつ病等の精神疾患（業務上疾病）になった場合、企業はどのような責任を追及されるか

図表1　企業（事業主、管理監督者）が追及される3つの責任

Ⅰ　どんな責任か	Ⅱ　責任を追及される者
①安衛法・労基法等違反による刑事責任等 　安衛法が事業者に義務付けている、さまざまな労働安全衛生確保措置の実施を怠っている場合、同法各条違反として、罰金刑や懲役刑が科せられる。 　労基法違反（時間外労働協定違反の時間外労働その他）の場合も同様。	〔安衛法違反の場合〕 イ　実行行為者（業務に関して安衛法違反行為をした者。管理監督者、上司等） ロ　事業者（会社法人または個人事業者） ハ　労基署が上記イ、ロ両者の捜査、送検を担当
②労基法第8章・労災保険法に基づく労災補償責任 　労働者の業務による災害（負傷、疾病、障害、死亡）と認められた場合に発生する補償責任。	イ　労災保険に加入している会社については、国（労基署）が事業主に肩代わりして、被災従業員に対して労災補償給付を支給する。ただし、休業3日目までの休業補償は事業主に支払義務あり。 ロ　メリットシステムにより、業務災害を起こした事業主の労災保険料は引き上げられる。
③民法に基づく損害賠償責任 　安全配慮義務（健康管理義務、健康配慮義務、職場環境整備義務を含む。）不履行、不法行為責任等により、被災従業員（または遺族）から、企業等に対して損害賠償請求が行われる。	事業者 　社内の権限・責任の配分が社内規則等で明確にされている場合は、権限と責任のある者（管理監督者等）が責任を問われることもある。

2　従業員自身の自己安全衛生等確保義務

　従業員自身にも、法令上の自己安全義務があります。被災従業員に刑法、安衛法等の違反や上司の指示命令に従わないなどがあると、これらの法令による刑罰や企業としての懲戒処分、過失相殺（損害賠償金額の減額）が行われます。

第1章　使用者の義務・責任

2　使用者の安全配慮義務とはどのような義務か

☞ポイント

　使用者には、従業員の生命や心身の健康を守るために必要な措置を実施する義務があります。

1　使用者には「安全配慮義務」がある

　使用者は、安衛法や労基法等の法規定を順守するだけでは足りず、その他にも従業員の生命と心身の健康を守るために必要な措置を実施する「安全配慮義務（安全措置実施義務）」があります（労働契約法第5条、最高裁判例）。使用者が義務の履行を怠り、従業員が業務災害（業務上の疾病や健康被害を含む）を被った場合には、労働基準法に基づく補償義務（労災保険法の補償給付）の他に、民事上の損害賠償を行わなければなりません。

　安全配慮義務は、労働災害発生による被災従業員（死亡した場合は遺族）の使用者に対する損害賠償請求の根拠となっています。最近は、従業員が過労死・過労自殺したとして、遺族から企業に損害賠償請求訴訟を起こされるケースが多くみられますが、その根拠は「使用者の安全配慮義務不履行」です。

　つまり、使用者が長時間労働や過重労働をさせたこと、就労環境の整備を怠り、うつ病、セクハラ、パワハラなどを生じさせたことなどが、安全配慮義務を怠ったことが原因だと主張し、多くの場合、判決で企業に1億円前後の金額の支払いが命じられています。

2　「安全配慮義務」には、「健康配慮義務」、「健康管理義務」、「職場環境整備義務」等が含まれる

　これまでの多くの判例により、現在では、「安全配慮義務」の中に

156

は「健康配慮義務」、「健康管理義務」、「職場環境整備義務」等も含まれるとされています。

「健康配慮義務」は、従業員が業務を原因として病気等にならないよう心身の健康に配慮し、労働環境を整える義務（労働環境整備義務）のことです。

また、「健康管理義務」とは、いわゆる過重な業務により従業員の心身の健康を害することのないよう、また、労働者の心身の健康状態が悪化しようとしている場合に勤務軽減措置を行う等健康状態が悪化することがないように配慮すべき義務のことをいいます。

また、「職場環境整備義務」というのは、使用者には、雇用する労働者にセクハラ、パワハラ等による被害とそれらに起因するうつ病等が起きないように労働者が働く職場環境を整備、改善、保持する義務があるということです。

これらの「使用者の義務」の概念、用例は、判例によっても、若干、異なっています。

図表2では、健康管理義務の具体的な内容を示している判例を2つ紹介します。

特に、電通事件の一審東京地裁判決（東京地判平8・3・28判時1561・3労判692・13）以来、うつ病等の罹患、さらには自殺の防止についても安全配慮義務違反が問われるようになりました。そして、電通事件の最高裁判決（最二小判平12・3・24判時1707・87労判779・13）により企業の健康管理義務違反が厳しく認定されることとなりました。

3　安全配慮義務の性質は

安全配慮義務は、「手段債務」です。手段債務とは、医師の医療債務のように、結果の実現（治癒）そのものではなく、それに至るまでに注意深く最善を尽くして行為する債務をいいます。その努力が、注

第1章　使用者の義務・責任

図表2　健康管理義務に関する判例

システムコンサルタント事件高裁判決要旨（東京高判平11・7・28判時1702・88労判770・58）
　一審被告は、亡Aとの間の雇用契約上の信義則に基づいて、使用者としての労働者の生命、身体及び健康を危険から保護するように配慮すべき義務（安全配慮義務）を負い、その具体的内容としては、労働時間、休憩時間、休日、休憩場所等について適正な労働条件を確保し、さらに、健康診断を実施した上、労働者の年齢、健康状態等に応じて従事する作業時間及び内容の軽減、就労場所の変更等適切な措置を採るべき義務を負うというべきである。

電通事件最高裁判決要旨（最二小判平12・3・24　判時1707・87労判779・13）
　労働者が労働日に長時間にわたり業務に従事する状況が継続するなどして、疲労や心理的負荷等が過度に蓄積すると、労働者の心身の健康を損なう危険のあることは、周知のところである。〔中略〕これらのことからすれば、使用者は、その雇用する労働者に従事させる業務を定めてこれを管理するに際し、業務の遂行に伴う疲労や心理的負荷等が過度に蓄積して労働者の心身の健康を損なうことがないよう注意する義務を負うと解するのが相当であり、使用者に代わって労働者に対し業務上の指揮監督を行う権限を有する者は、使用者の右注意義務の内容に従って、その権限を行使すべきである。

意深く最善を尽くされていれば、仮に患者の治癒が成功しないで亡くなったとしても、医師の責任は問われません。

　それと同じように、現場で物的・人的安全管理を尽くして災害（業務上疾病）防止を図っていれば、結果的に労働災害（業務上疾病）が発生して責任を問われた場合、過失相殺されます。

4　安全配慮義務の根拠は

　安全配慮義務が認められるようになったのは、次の2つの判決によります。

　1つは、自衛隊八戸工場事件（最三小判昭50・2・25判時767・11労判222・13）であり、使用者である国の義務を、

　「国は、公務員に対し、国が公務遂行のために設置すべき場所、施設若しくは器具等の設置管理又は公務員が国若しくは上司の指示のも

とに遂行する公務の管理にあたって、公務員の生命及び健康等を危険から保護するよう配慮すべき義務（以下「安全配慮義務」という。）を負っているものと解すべきである。」

——と述べています。

さらに、民間の企業についての川義事件（最三小判昭59・4・10判時1116・33労判429・12）においても、

「雇用契約は、労働者の労務提供と使用者の報酬支払いをその基本内容とする双務有償契約であるが、通常の場合、労働者は、使用者の提供した場所に配置され、使用者の提供する施設、器具等を用いて労務の提供を行うものであるから、使用者は、右の報酬支払義務にとどまらず、労働者が労務提供のため設置する場所、設備若しくは器具等を使用し又は使用者の指示のもとに労務を提供する過程において、労働者の生命及び身体等を危険から保護するよう配慮すべき義務（以下「安全配慮義務」という。）を負っている」

——と述べています。

現在では、労契法第5条に「使用者は、労働契約に伴い、労働者がその生命、身体等の安全を確保しつつ労働することができるよう、必要な配慮をするものとする。」と規定されています。

5　派遣労働者・下請労働者に対する安全配慮義務は

派遣労働者の派遣中は、派遣先企業が安全配慮義務を負います。ただし、安衛法により、一般健康診断やストレスチェック、雇入時の安全衛生教育の実施義務は、その労働者を雇用している派遣元企業にあります。

また、下請労働者の労働災害は、元請企業と下請企業の労働者との間に実質的な使用従属関係が認められる場合には、雇用契約ないしそれに準ずる法律関係が存在し、元請企業に安全配慮義務もあるとして、元請企業の賠償責任を認めた判決もあります。

第1章　使用者の義務・責任

3 被災労働者またはその遺族からの労災補償給付請求と民事の損害賠償請求との違いは

☞ポイント

両者は、法律上の責任範囲と損害賠償の対象範囲が異なっています。

1　事業者の法律上の責任範囲の違いは

従業員が業務災害（業務上疾病を含む。）に被災した場合の法律上の3つの責任の範囲の違いを示したのが**図表3**です。①安衛法・労基法等違反の刑事責任の範囲が最もせまく、それよりも②業務災害の補償責任の範囲は広く、さらに③安全配慮義務違反による民事責任の範囲が広くなっています。

図表3　従業員が業務災害に被災した場合の事業者の法律上の3つの責任範囲の違い

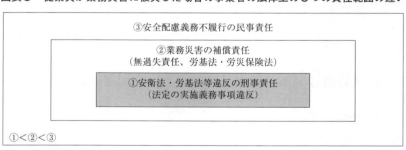

2　事業者に対する損害賠償請求の根拠規定は

事業者は、被災従業員（またはその遺族）から、業務災害による損害について、安全配慮義務不履行（民法415条の債務不履行（**図表4**）、労契法5条）、または不法行為責任（民法709条（**図表4**））によ

り損害賠償を請求されることが多々あります。事業者の安全配慮義務不履行について被災労働者が損害賠償請求を行う場合には、民法415条（債務不履行）に基づき行われています。

3　損害賠償請求の範囲の違いは

　業務災害での損害賠償の算定基礎となる損害の範囲は、裁判例によると、**図表5**のとおりです。被災従業員に対して労災保険による補償給付が行われると、事業者はその給付額の限度で損害賠償責任を免れます。

　しかし、労災補償給付には被災従業員の逸失利益（生涯に受け取るであろう賃金収入等）、慰謝料（被災従業員、遺族の精神的苦痛についてのもの）等は含まれていません。このため、これらについて民事上の損害賠償責任を負います。

図表4　民法の損害賠償についての根拠規定

1　債務不履行による損害賠償
第415条
　債務者がその債務の本旨に従った履行をしないときは、債権者は、これによって生じた損害の賠償を請求することができる。債務者の責めに帰すべき事由によって履行をすることができなくなったときも、同様とする。
2　不法行為による損害賠償
第709条
　故意又は過失によって他人の権利又は法律上保護される利益を侵害した者は、これによって生じた損害を賠償する責任を負う。

図表5　安全配慮義務違反を理由とする損害賠償の対象範囲

①財産的侵害
　積極侵害—治療費、入院費、
　　　　　　付添費、葬儀費、
　　　　　　衣服等の損傷等
　消極侵害—休業損害、逸失
　　　　　　利益
②慰謝料
③弁護士費用
④遅延損害金

第1章　使用者の義務・責任

④ 安全配慮義務不履行による損害賠償請求で使用者が不利な点は

☞ポイント

　被災従業員側の立証が容易で、使用者側の安全配慮義務の範囲が広くなっていることが不利です。

　安全配慮義務不履行の損害賠償請求訴訟では、
・民事訴訟で被災従業員側の立証が容易であること
・使用者側の安全配慮義務の範囲が広くなっていること
——により、従業員が有利です。

　被災従業員（A）側が、使用者側（B）に対して債務不履行を根拠として損害賠償を請求する場合、次のように主張します。

　「Aは、Bに雇用されていました（当然、労働契約が成立しています）。Bは、Aに対して、労働契約に伴い安全配慮義務を負っています。ところが、Aは労働災害により被災しました。これはBが安全配慮義務を果たさなかったからです。つまり、BはAに労働契約に伴って生じる債務（安全配慮義務）を履行しませんでした。そこで、AはBに対して民法415条により債務不履行にもとづく損害賠償請求をします」

　Aからこのように主張されると、Bとしては、自社は安全配慮義務を十分果たしていたこと、Aが被災したのは自社の責任ではないということを立証しなければならなくなります。前述したように、使用者の安全配慮義務の範囲は非常に広範囲で、安衛法・労基法等を守ることは当然含まれており、最高裁は「その時代の社会通念に照らして適当とされる措置を講じていれば免責される」としています。実際に、企業側がこのような措置を講じていたことを立証するのは、非常に困難です。

　したがって、ほとんどの民事訴訟事案で、被災従業員側の損害賠償

162

請求が認められています。

　企業側が安全配慮義務を果たすための対策を例示すると、**図表6**のとおりです。

　なお、被災従業員側が不法行為を根拠に損害賠償を請求する場合には、前述の場合と逆に、Bの不法行為の結果Aが損害を負った（被災した）ということを、Aが立証しなければなりません。

図表6　企業が安全配慮義務を果たすための対策例

1. 安衛法や労基法その他の法令で使用者に義務づけられている措置のほかに、その就業場所で労働者の生命と心身の健康を守るために何が必要かを常に点検し、必要な対策を実施する。
　　この中には、過重労働・セクハラ・パワハラ・マタハラ（マタニティハラスメント）等の防止措置も含まれる。
2. 常時、業務上災害、業務上疾病、メンタルヘルス上の危険有害要因の予知、予見を行う。
3. 危険有害、過重な作業を伴う業務については、労働者が危険等の状態に陥らないようにするための措置を講じる。
4. 労働者の肉体的・心理的・精神的な負担を軽減するような措置を講じる。
5. ストレスチェックを定期的に実施するとともに、専門医によるカウンセリング、相談等を定期的に実施する。
6. カウンセリング、相談、安全衛生委員会での審議、就業現場の安全衛生パトロール等で問題が発見された場合には、その都度何らかの改善・軽減措置を講じる。

第1章　使用者の義務・責任

5　従業員が業務災害で死亡し、遺族がすでに労災保険の遺族補償年金を受け取りながら、さらに、企業へ損害賠償を請求した場合、金額調整はどのように行われるのか

> **☞ ポイント**
>
> 　企業は、遺族に、損害額（元本）から遺族補償年金額を差し引いた金額を損害賠償金として支払います。
> 　この場合、損害額（元本）に遅延利息金を加えないので、遺族の受取額はその分少なくなります。

　労災保険の遺族補償年金を受け取っている被災従業員の遺族が、民事訴訟で被災従業員の勤務先企業等に損害賠償を請求する場合、実際に遺族側に支払われる金額が二重取りにならないようにするために金額の調整が必要になります。

　従来、この金額調整の方法について、**図表7**のＡ案、Ｂ案のいずれにするかについて最高裁の見解が分かれていました。

図表7　遺族に支払う損害賠償金額の算定方法

Ａ案 遺族側がそれまでに受け取った労災保険の遺族補償年金を、損害額（元本）から差し引く。 Ｂ案 損害額に遅延損害金（利息）を加えてから、遺族補償年金を差し引く。

1　統一基準の内容は

　平成27年3月4日に、いわゆる「過労死」をした男性の遺族に支払

5　従業員が業務災害で死亡し、遺族がすでに労災保険の遺族補償年金を受け取りながら、さらに、企業へ損害賠償を請求した場合、金額調整はどのように行われるのか

う損害賠償額の算定方法が争われた事案についての上告審判決が、最高裁大法廷でありました。

　大法廷は、「損害額（元本）から差し引く」との初判断を示しました。被害者側に不利な方法に統一されました。損害額そのものと遺族補償年金を相殺すると、損害金の金利に当たる遅延損害金も目減りするため、賠償額全体が低くなります。算定方法の比較例は、**図表8**のとおりです。訴訟が長引くと遺族が受取る金額は減額されることになります。

　算定方法が統一されたことで、今後、過労死事案に限らず、通勤時の交通事故等を含む労災事案で死亡した場合、同様の算定方法が適用される見通しとなりました。

図表8　過労死をめぐる損害賠償額の算定方法の比較

①損害額（元金）から遺族補償年金を　差し引く場合

損害額 （元金）	遺族補償 年金	遅延 損害金	賠償 総額
9000 万円	－ 80 万円	＋ 446 万円	×5年＝ 11150 万円

遅延損害金は
（9000万円－80万円）×0.05＝446万円

②損害額に遅延損害金（利息）を加えてから遺族補償年金を差し引く場合

9000 万円	＋ 450 万円	× 5年	－ 80 万円	＝ 11170 万円

遅延損害金は9000万円×0.05＝450万円

妻子のある40代男性が死亡し、5年後に初めて遺族補償年金80万円が支給された時点で損害賠償額を算定する場合を想定。法定利息は年5％。

今回、最高裁大法廷が妥当と判断した算定方法

②に比べ被害者側が受け取る額が減る

第1章　使用者の義務・責任

6　精神疾患等が絡む死傷病等は、労働基準監督署へ報告義務はあるか

☞ ポイント

報告義務が発生する場合があります。

1　労働者死傷病報告書を提出するときは

　事業者は、従業員が、

・労働災害〔業務災害（業務上疾病を含む。）〕その他就業中に、

・事業場内または事業場内の付属建設物内

——のいずれかにおいて負傷、窒息または急性中毒により死亡し、または4日以上の休業をしたときは、遅滞なく（直ちに）、所轄（その労働災害その他の死傷病が起きた場所を担当する）労働基準監督署長に、定められた様式の書面（**図表9**）により報告書を提出しなければなりません（安衛法第100条第1項、労働安全衛生規則第97条第1項）。事故等の災害、業務上疾病等の発生状況を示す図面や写真等があれば添付します。

　また、その被災従業員等の休業の日数が3日までのときは、**図表10**により、3カ月分をまとめて報告書を提出することで差し支えありません。提出期限は**図表11**のとおりです。

　精神疾患等が絡んで従業員が業務中に負傷したり、疾病になったり、倒れたりした場合にも、この報告書を提出しなければなりません。報告すべきか否か判断に迷う場合には、事前に、所轄の労基署に相談してください。

166

⑥ 精神疾患等が絡む死傷病等は、労働基準監督署へ報告義務はあるか

図表9　労働者死傷病報告の記載例（被災労働者が休業4日以上の場合）

第1章　使用者の義務・責任

図表10　労働者私傷病報告の記載例（被災労働者が休業３日までの場合）

労働者死傷病報告						平成○○年　○月から　○年　○月まで			

様式第24号（第97条関係）

事業の種類	事業場の名称（建設業にあっては工事名を併記のこと。）		事業場の所在地		電話	労働者数
食品製造業	○○株式会社		東京都○区○○─△		○○○（○○○○）○○○	150名

被災労働者の氏名	性別	年齢	職種	派遣労働者の場合は欄に○	発生月日	傷病名及び傷病の部位	休業日数	災害発生状況［派遣労働者が被災した場合は派遣先の事業場名を併記のこと］
○○○○	男・女	30歳	食品製造工		○月○日	軽い脳しんとう	3日	同じ部署の上司（班長）が突き飛ばされた際に後頭部を打ったもの（うつ病治療中）
	男・女	歳			月　日		日	
	男・女	歳			月　日		日	
	男・女	歳			月　日		日	
	男・女	歳			月　日		日	
	男・女	歳			月　日		日	
	男・女	歳			月　日		日	
	男・女	歳			月　日		日	

報告書作成者職氏名	労務係長○○○○

○○　年　○月　○日

事業者職氏名　○○株式会社
代表取締役　○○○○　㊞

　　　　○○　労働基準監督署長　殿

備考　1．派遣労働者が被災した場合、派遣先及び派遣元の事業者は、それぞれ所轄労働基準監督署に提出すること。
　　　2．氏名を記載し、押印することに代えて、署名することができる。

図表11　休業３日までのときの労働者死傷病報告書の提出期限

死傷病ほかの発生月	報告期限
１月〜３月	４月末日
４月〜６月	７月末日
７月〜９月	10月末日
10月〜12月	翌年１月末日

２　報告書を提出しないと「労災かくし」になる

　事業者が、従業員の死傷病が発生したのち、直ちに労働者死傷病報告書を提出せず、または虚偽の報告書を提出した場合は、労基署から悪質な安衛法違反である「労災かくし」と判断され、疑いがある場合は任意、または強制の捜査（いわゆるガサ入れなど）も行われる他、50万円以下の罰金が科されることがあります（安衛法第120条第５号）。

事業者が報告書を提出せず、あるいは虚偽の報告書を提出することにより、労働基準監督機関の災害調査・臨検監督・安全衛生対策等が適正に行われない結果、的確な、あるいは本質的な再発防止対策を講ずることができなくなるため、処罰の対象としています。

「労災かくし」を行う事業者は、被災従業員に労基署への労災保険法の各種給付を請求させないよう働きかけ、代わりに健康保険給付を請求させ、不足分は企業が補てんするケースが多いようです。

なお、従業員が業務災害をこうむれば、労災保険から所定の給付を受ける権利が生じます（労災保険法12条の8・2項）。この権利を行使するか否かは、被災従業員本人の自由ですから、行使しなくても労災保険法違反にはなりません。しかし、被災従業員等が労災保険から給付を受けるか否かにかかわらず、事業者は労働者死傷病報告書を提出しなければなりません。

労働者死傷病報告書の提出と労災保険給付の取扱いを比較すると、おおむね**図表12**のとおりです。

図表12　労働者死傷病報告書と労災保険給付との取扱いの比較

	労働者私傷病報告書提出の法律上の義務	労災保険給付の有無
業務災害	ある（注1）	ある
通勤災害	ない	ある
私的災害	ない（注2）	ない

注1：ただし、被災労働者が休業しないときは提出しないでよい。
注2：ただし、業務外で就業中または事業場内や付属建設物内で負傷、窒息、急性中毒により死亡または休業したときにも、提出しなければならない。

3　派遣労働者が被災した場合、派遣元・派遣先が行うことは

派遣労働者が派遣先事業場で派遣就労中に業務災害（業務上疾病を含む。）その他の理由等により死亡または休業したときは、派遣先の

事業者は、派遣先の企業を所轄する労基署長へ労働者死傷病報告書を提出する必要があります（**図表13**）。

派遣先の事業者は、労働者死傷病報告書を提出したときは、その写しを派遣元の事業者に送付しなければなりません。その他、業務災害（業務上疾病を含む。以下同じ。）の発生原因を調査し、再発防止対策を講じる必要があり（安衛法第10条第1項第4号）、業務災害の発生原因や再発防止対策を、安全衛生委員会等で調査審議する必要があります（安衛法第17条第1項第2号、同法第18条第1項第3号）。

一方、派遣元の事業者は、派遣元を所轄する労基署長へ労働者死傷病報告書を提出する義務があります（労働者派遣法施行規則第42条）。同事業者は、この他、被災した派遣労働者が労災保険給付請求の手続きを行うために必要な助力を行わなければなりません（労災保険法施行規則第23条）。

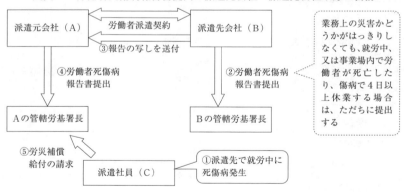

図表13　労働者死傷病報告書提出は派遣元会社・派遣先会社双方の義務

第2章　労災保険による補償給付
―業務上外の新認定基準、補償給付の内容、請求手続等―

第1節　業務災害についての使用者の労災補償義務

1　従業員が精神疾患となった場合の社会・労働保険からの給付の種類は

☞ ポイント

　その精神疾患発症の原因が業務によるものであれば労災保険（労働保険）から、他方、発症の原因が業務以外によるもの（私傷病）であれば健康保険から、給付が行われます。

1　社会・労働保険の種類・加入要件

　どのような雇用形態、勤務形態であれ、労働者を雇用した場合には、社会・労働保険の取り扱いが問題になってきます。これらについては、**図表14**のとおりです。

　パートタイマー（短時間労働者）や期間雇用者（契約社員）の社会保険の取り扱いについては、その事業場の同種の業務に従事する正社員（フルタイマー）の所定労働時間および所定労働日数との比較により、加入できるかどうかが決まります。

　社会保険は、労働者だけでなく、社長、役員も加入します。

　また、労働者災害補償保険（以下「労災保険」）は全労働者が必ず加入しなければなりません。他方、雇用保険への加入は、**図表14**に示す3つの要件を全て満たす労働者に限られます。

171

第2章　労災保険による補償給付

図表14　社会・労働保険の強制加入要件、保険料負担

	保険の種類	強制加入要件	保険料負担
社会保険	健康保険	①社長、役員、②正社員（フルタイマー）、③短時間労働者（労働時間が、同じ事業所において同種の業務に従事する正社員の所定労働時間および所定労働日数のおおむね4分の3以上である者：週労働時間30時間以上（2016年10月1日からは、週労働時間20時間以上30時間未満の者のうち、一定の要件を満たす者も対象になった）	会社と労働者とで、2分の1ずつ負担
	介護保険		
	厚生年金保険		
労働保険	労災保険（労働者災害補償保険）	労働者であればすべて加入	全額会社の負担
	雇用保険	以下の要件をすべて満たす雇用労働者 ・65歳未満（2017年（平成29年）1月以降は、65歳以上の者も適用対象になりました。） ・31日以上継続雇用される見込み（平成22年4月1日～） ・所定労働時間が週20時間以上	会社だけでなく、労働者も賃金額に応じて負担する（65歳以上の労働者の雇用保険料の徴収は、2019年度分（平成31年度分）までは免除されます。）

2　労働者が精神疾患を発病した場合の社会・労働保険の給付 —業務上疾病は労災保険から、他方、業務外は健康保険から、それぞれ給付—

　労働者が精神疾患を発病した場合、それぞれの社会・労働保険の給付要件に応じて給付が行われます。

　例えば、その労働者が業務上の事由により精神疾患となった場合には、労災保険により各種の補償給付が行われます。

　他方、その精神疾患が業務外の事由によるもの（私傷病）である場合には、健康保険により各種の給付が行われます。特に、傷病手当金は、最長、1年6カ月間にわたって賃金の3分の2に相当する金額が

支給されます。その労働者が退職前に健康保険に継続して1年以上の加入期間があれば、その労働者が精神疾患を発病し、勤務先会社を休職になった後に退職した場合にも、同様に、通算して1年6カ月間継続支給されます。

さらに、当該労働者に障害が残った場合の障害補償給付、対象労働者が死亡した場合に遺族に支給される遺族補償給付についても、業務上の事由による場合には労働者災害補償保険法（以下「労災保険法」）にもとづく給付となり、他方、業務外の事由による場合には、健康保険法にもとづき給付されます。

これらについては、それぞれの社会・労働保険の箇所で、くわしく説明します。

3　業務上の事由により発症した精神疾患について健康保険の給付を受けていた場合、労災補償給付に切り替えることはできるか？

2017年（平成29年）2月より、所定の手続きを経れば労災保険と健康保険の制度間で調整が行われることになり、該当従業員本人の手間はかなり軽減されることになりました。

第2章　労災保険による補償給付

② 業務上の事由で精神疾患を発病した労働者への、事業者の療養補償・休業補償の法的根拠は

☞ ポイント

労基法により使用者の労災補償義務が定められています。

1　根拠は労基法

労働基準法（以下「労基法」）第75条第1項では、労働者が業務上負傷し、又は疾病にかかった場合、使用者（事業者）が療養補償を行う義務があることを定めています。どのようなものが業務上疾病とされるかについては、労基法施行規則第35条、同規則別表第1の2およびこれに基づく告示により定められており、精神障害については同別表第1の2第9号で「人の生命にかかわる事故への遭遇その他心理的に過度の負担を与える事象を伴う業務による精神及び行動の障害又はこれに付随する疾病」と定めています。

また、労基法第76条第1項では労働者が業務上負傷または疾病にかかり、その療養のために労働することができずに賃金を受けられない場合、使用者は当該労働者の療養中には休業補償を行わなければならないことを定めています。

2　労災保険法で具体的に規定

さらに、労災保険法第12条の8第2項では、業務災害に関する保険給付は労基法に規定する災害補償事由が生じた場合に行うとしています。このため、労災保険法において保険給付の対象となる業務上疾病は、労基法に定める業務上疾病と一致します。

174

第2節　精神障害についての労災（業務災害）の新認定基準

1　平成23年に示された新しい精神障害の労災認定基準とは

☞ポイント

　新認定基準は労災認定審査の迅速化や効率化を求める声を背景に、従前の判断基準を廃止して、新たに施行されたものです。

　この新基準は、全国の労基署が「この労働者の精神障害は、業務上の事由によるものか否か、つまり、労災補償給付の対象になるものか否か」を判断するためのものです。

1　新認定基準とは

　個々の労働者の精神障害が、業務上の事由による疾病か否か、つまり、労災補償給付の対象になるか否かについての判断は、労基法等の法令に基づく通達により行われています。

　通達というのは、各中央省庁の大臣、局長等が、その所掌事務について、所管の各機関や職員に出す指示文書のことです。記載されている内容は、法令の解釈、運用や行政執行の方針等です。

　さて、我が国では、平成11年9月の旧労働省（現在の厚生労働省）の労働基準局長通達「心理的負荷による精神障害等に係る業務上外の判断指針」（基発第544号）に基づき、業務上か否かの判断が行われてきました。しかし、精神障害の労災請求件数が増加する中、認定の審査に平均約8.6カ月を要することから、審査の迅速化や効率化が求められていました。

　この状況を踏まえ、平成23年12月に、精神障害の労災認定基準に関

する新しい通達、つまり、「心理的負荷による精神障害の認定基準について」（平23・12・26基発1226第1号、以下「新認定基準」）が示されました。これは、従前の判断指針を廃止して改めたもので、現在はこの新認定基準にもとづき精神障害の労災認定の判断が行われています。

　この基準では、精神疾患になった状態を「精神障害」と表現しています。

　新認定基準は、厚生労働省の労働基準局長から各都道府県の労働局長、全国の労働基準監督署長に対して、「今後は、この基準にもとづいて個々の精神障害が労災給付の対象になるか否か（業務上の事由による疾病か否か）を判断するように」という指示文書です。

　このように、この新認定基準は労働行政機関内部の指示文書ですので、所轄労働基準監督署長や審査請求の際の労働者災害補償保険審査官は、この基準に従って判断をしなければなりません。しかし、再審査請求時の労働保険審査会、その後の行政取消訴訟においては拘束力を持っていません。

2　精神障害の発病要因についての新認定基準の考え方

　新認定基準では、精神障害は、外部からのストレス（仕事によるストレスや私生活でのストレス）とそのストレスへの個人の対応力の強さとの関係で発病に至ると考えられています（**図表15**）。

1　平成23年に示された新しい精神障害の労災認定基準とは

図表15　精神障害の発生要因

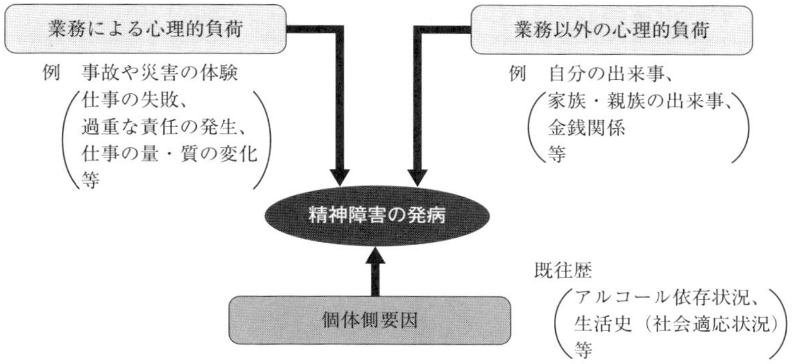

業務による心理的負荷

例　事故や災害の体験
（仕事の失敗、
過重な責任の発生、
仕事の量・質の変化
等）

業務以外の心理的負荷

例　自分の出来事、
（家族・親族の出来事、
金銭関係
等）

精神障害の発病

個体側要因

既往歴
（アルコール依存状況、
生活史（社会適応状況）
等）

　発病した精神障害が労災認定されるのは、「仕事による強いストレスによるもの」と判断できる場合に限られます。

　仕事によるストレス（業務による心理的負荷）が強かった場合でも、同時に私生活でのストレス（業務外の心理的負荷）が強かったり、その人の既往症やアルコール依存など個体側要因が関係していたりする場合には、どれが発病の原因なのかを医学的に慎重に判断しなければなりません。

177

第2章　労災保険による補償給付

② 精神障害が労災認定される３つの要件は

☞ ポイント

　その精神障害を発症した従業員が労災認定されるためには、次の３つの要件をすべて満たしていることが必要です。
① 認定基準の対象となる精神障害を発症していること。
② 認定基準の対象となる精神障害を発症する前おおむね６カ月間に、業務による強い心理的負荷が認められること。
③ 業務以外の心理的負荷や個体的要因により発症したことは認められないこと。

1　労災認定の手順は

　労基署が、その精神障害について労災認定をする場合の手順のフローチャートは**図表16**のとおりです。

2　３要件の具体的内容は

　その精神障害が労災と認定されるためには、以下の３つの要件をいずれも満たすことが必要です。

要件①「認定基準の対象となる精神障害を発病していること」

　労災認定基準の対象となる精神障害は、**図表17**の国際疾病分類第10回修正版（ICD-10）第Ⅴ章「精神および行動の障害」に分類される精神障害であって、認知症や頭部外傷などによる障害（Ｆ０）およびアルコールや薬物による障害（Ｆ１）は除かれます。いわゆる心身症も除かれます。

178

2 精神障害が労災認定される3つの要件は

図表16　精神障害の労災認定フローチャート

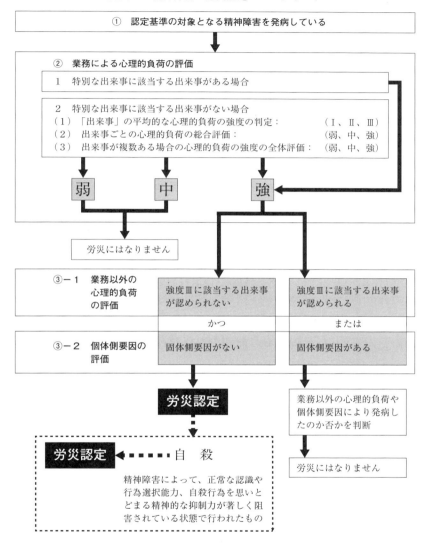

第２章　労災保険による補償給付

図表17　ICD-10第Ⅴ章「精神および行動の障害」分類

	分類コード	疾病の種類
×	Ｆ０	症状性を含む器質性精神障害
	Ｆ１	精神作用物質使用による精神および行動の障害
○	Ｆ２	統合失調症、統合失調症型障害および妄想性障害
	Ｆ３	気分［感情］障害（うつ病、躁病、躁うつ病等）
	Ｆ４	神経症性障害、ストレス関連障害および身体表現性障害（パニック障害、急性ストレス反応、適応障害等）
△	Ｆ５	生理的障害および身体的要因に関連した行動症候群
	Ｆ６	成人のパーソナリティおよび行動の障害
	Ｆ７	精神遅滞〔知的障害〕
	Ｆ８	心理的発達の障害
	Ｆ９	小児期および青年期に通常発症する行動および情緒の障害、特定不能の精紳障害

(注)　×印：認定対象から除外される精神障害、○印：主に業務に関して発病する可能性のある精神障害、△印：業務に関連して発病する可能性がない、あるいは小さい精神障害

　業務に関連して発病する可能性のある精神障害の代表的なものは、うつ病（Ｆ３）や急性ストレス反応（Ｆ４）などです。

要件②「認定基準の対象となる精神障害の発病前おおむね６カ月の間に、業務による強い心理的負荷が認められること」

　要件②の「業務による強い心理的負荷が認められること」とは、業務による具体的な出来事があり、その出来事とその後の状況が、労働者に強い心理的負荷を与えたことをいいます。

　心理的負荷の強度は、精神障害を発病した労働者が、その出来事とその後の状況を主観的にどう受け止めたかではなく、同種の労働者が一般的にどう受け止めるかという観点から評価されます。「同種の労働者」とは、職種、職場における立場や職責、年齢、経験などが類似する労働者のことをいいます。

　労働基準監督署の調査に基づき、発病前おおむね６カ月の間に起き

180

② 精神障害が労災認定される３つの要件は

た業務による出来事について、新認定基準の「業務による心理的負荷評価表」により、「強」と評価される場合には、要件②を満たします。

　新認定基準では、出来事と出来事後を一連のものとして総合評価が行われます。

　具体的な評価手順は、次のa・bのとおりです。「特別な出来事」がある場合（**図表18**）と、ない場合とに分けて評価します。

図表18　「業務による心理的負荷評価表（特別な出来事）」から抜粋

特別な出来事の類型	心理的負荷の総合評価を「強」とするもの
心理的負荷が極度のもの	・生死にかかわる、極度の苦痛を伴う、又は永久労働不能となる後遺障害を残す業務上の病気やケガをした　…項目１関連（業務上の傷病により６カ月を超えて療養中に症状が急変し極度の苦痛を伴った場合を含む） ・業務に関連し、他人を死亡させ、又は生死にかかわる重大なケガを負わせた（故意によるものを除く）　…項目３関連 ・強姦や、本人の意思を抑圧して行われたわいせつ行為などのセクシュアルハラスメントを受けた　…項目36関連 ・その他、上記に準ずる程度の心理的負荷が極度と認められるもの
極度の長時間労働	・発病直前の１カ月におおむね160時間を超えるような、又はこれに満たない期間にこれと同程度の（例えば３週間におおむね120時間以上の）時間外労働を行った（休憩時間は少ないが手待時間が多い場合等、労働密度が特に低い場合を除く）　…項目16関連

※「特別な出来事」に該当しない場合には、それぞれの関連項目により評価する。

　a　「特別な出来事」に該当する出来事がある場合

　業務による心理的負荷評価表の「特別な出来事」に該当する出来事が認められた場合には、心理的負荷の総合評価を「強」とします。

　b　「特別な出来事」に該当する出来事がない場合

　この場合には、次の【１】～【３】の手順により、心理的負荷の強度を「強」「中」「弱」のいずれかに評価します。

【１】「具体的出来事」への当てはめ

181

第2章　労災保険による補償給付

　その業務による出来事が、業務による心理的負荷評価表の「具体的出来事」(**図表19**) のどれに当てはまるか、あるいは近いかを判断します。

図表19　「業務による心理的負荷評価表（具体的出来事）」から抜粋

	出来事の類型	平均的な心理的負荷の強度			心理的負荷の総合評価の視点	心理的負荷の強度を「弱」「中」「強」と判断する具体例		
		具体的出来事	心理的負荷の強度					
			Ⅰ	Ⅱ	Ⅲ		弱	中	強
1	①事故や災害の体験	（重度の）病気やケガをした			★	・病気やケガの程度 ・後遺障害の程度、社会復帰の困難性等	【解説】右の程度に至らない病気やケガについて、その程度等から「弱」又は「中」と評価		○重度の病気やケガをした 【「強」である例】 ・長期間（おおむね2カ月以上）の入院を要する、又は労災の障害年金に該当する若しくは原職への復帰ができなくなる後遺障害を残すような業務上の病気やケガをした ・業務上の傷病により6カ月を超えて療養中の者について、当該傷病により社会復帰が困難な状況にあった、死の恐怖や強い苦痛が生じた
2		悲惨な事故や災害の体験、目撃をした			★	・本人が体験した場合、予感させる被害の程度 ・他人の事故を目撃した場合、被害の程度や被害者との関係等	【「弱」になる例】・業務に関連し、本人の負傷は軽症・無傷で、悲惨とまではいえない事故等の体験、目撃をした	○悲惨な事故や災害の体験、目撃をした 【「中」である例】・業務に関連し、本人の負傷は軽症・無傷で、右の程度に至らない悲惨な事故等の体験、目撃をした	【「強」になる例】・業務に関連し、本人の負傷は軽度・無傷であったが、自らの死を予感させる程度の事故等を体験した ・業務に関連し、被害者が死亡する事故、多量の出血を伴うような事故等特に悲惨な事故であって、本人が巻き込まれる可能性がある状況や、本人が被害者を救助することができたかもしれない状況を伴う事故を目撃した（傍観者的な立場での目撃は、「強」になることはまれ）

なお、**図表19**では「具体的出来事」を
①事故や災害の体験
②仕事の失敗、過重な責任の発生等
③仕事の量・質
④役割・地位の変化等
⑤対人関係
⑥セクシュアルハラスメント
――の６つに類型し、その平均的な心理的負荷の強度を、強い方から「Ⅲ」「Ⅱ」「Ⅰ」と示しています。

【２】出来事ごとの心理的負荷の総合評価

　当てはめた「具体的出来事」の欄に示されている具体例の内容に、事実関係が合致する場合には、その強度で評価します。

　事実関係が具体例に合致しない場合には、「心理的負荷の総合評価の視点」の欄に示す事項を考慮し、個々の事案ごとに評価します。

【３】出来事が複数ある場合の全体評価

①原則として、最初の出来事を具体的出来事として**図表19**に当てはめ、関連して生じたそれぞれの出来事は出来事後の状況とみなし、全体の評価をします。

②関連しない出来事が複数生じた場合には、出来事の数、それぞれの出来事の内容、時間的な近接の程度を考慮して全体の評価をします。**図表20**を参照してください。

図表20　「関連しない出来事が複数生じた場合」の評価方法

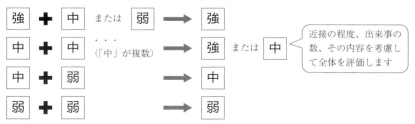

上述した「特別な出来事」と「具体的出来事」の評価で「強」に該当する労働者が、次の要件③に該当するか否かの判断の手順に進むことができます。

他方、上述の判断が「中」または「弱」の労働者は、労災認定されないということになります。つまり、その労働者の精神障害は業務上の事由による疾病ではないと認められるので、労災補償給付の対象にならないということです。

要件③「業務以外の心理的負荷や個体的要因により発病したとは認められないこと」

要件③については、「③-1　業務以外の心理的負荷の評価」および「③-2　個体側要因の評価」の2点について判断を行います。

③-1　業務以外の心理的負荷による発病かどうか

この点については、「業務以外の心理的負荷評価表」（**図表21**）を用い、心理的負荷の強度を評価します。

同図表で「Ⅲ」に該当する出来事が複数ある場合等は、それが発病の原因であるといえるか否かを、慎重に判断します。

③-2　個体側要因による発病かどうか

精神障害の既往歴やアルコール依存状況等の個体側要因については、その有無とその内容について確認し、個体側要因がある場合には、それが発病の原因であるといえるか否かを、慎重に判断します。

上述の③-1と③-2の双方について判断した結果、「**図表21**のうち、『強度Ⅲ』に該当する出来事が認められない」、かつ、「個体側要因がない」に該当する労働者については、労災認定されることになります。

他方、「**図表21**のうち、『強度Ⅲ』に該当する出来事が認められる」、または、「個体側要因がある」のいずれかに該当する労働者については、労災とは認定されないことになります。

② 精神障害が労災認定される３つの要件は

図表21 「業務以外の心理的負荷評価表」から抜粋

出来事の類型	具体的出来事	心理的負荷の強度		
		I	II	III
①自分の出来事	離婚又は夫婦が別居した			★
	自分が重い病気やケガをした又は流産した			★
	自分が病気やケガをした		★	
	夫婦のトラブル、不和があった	★		
	自分が妊娠した	★		
	定年退職した	★		
②自分以外の家族・親族の出来事	配偶者や子供、親又は兄弟が死亡した			★
	配偶者や子供が重い病気やケガをした			★
	親類の誰かで世間的にまずいことをした人が出た			★
	親族とのつきあいで困ったり、辛い思いをしたことがあった		★	
	親が重い病気やケガをした		★	
	家族が婚約した又はその話が具体化した	★		
	子供の入試・進学があった又は子供が受験勉強を始めた	★		
	親子の不和、子供の問題行動、非行があった	★		
	家族が増えた（子供が産まれた）又は減った（子供が独立して家を離れた）	★		
	配偶者が仕事を始めた又は辞めた	★		

185

第2章　労災保険による補償給付

③ 精神障害を発病した労働者が長時間労働に従事していた場合の、心理的負荷の評価方法は

☞ポイント

次の3つの視点から評価されます。
① 「特別な出来事」に該当する場合
② 「具体的な出来事」に該当する場合
③ 他の出来事に関連した長時間労働（恒常的長時間労働が認められる場合の総合評価）

1　評価の3つの視点は

　労働者が長時間労働に従事することも精神障害発病の原因となり得ることから、長時間労働については、次の(1)～(3)の3通りの視点から評価されます。なお、精神障害の労災認定の基準となるのは、前述した精神障害の労災認定基準（平成23年12月26日基発1226第1号、以下「新認定基準」）といいます。新認定基準では、業務による心理的負荷の評価を、「特別な出来事」に該当する出来事があるかないかを判断し、これに該当する出来事がない場合には、「具体的な出来事」のどれに当てはまるか、あるいは近いかを判断します。

(1)　「特別な出来事」に該当する場合

・発病直前の1カ月間に、おおむね160時間以上の時間外労働を行った場合
・発病直前の3週間に、おおむね120時間以上の時間外労働を行った場合

　この2点に該当する場合、「特別な出来事」に該当することとなり、心理的負荷の総合評価は「強」となります。

③　精神障害を発病した労働者が長時間労働に従事していた場合の、心理的負荷の評価方法は

(2)　「具体的出来事」に該当する場合

　「具体的出来事」では、心理的負荷を、①事故や災害の体験、②仕事の失敗、過重な責任の発生等、③仕事の量・質、④役割・地位の変化等、⑤対人関係、⑥セクシュアルハラスメント──の６つに類型し、その平均的な心理的負荷の強度を、強い方から弱いほうに「Ⅲ」「Ⅱ」「Ⅰ」と示されています。

　「具体的出来事」の欄に示されている具体例の内容に、事実関係が合致する場合には、その強度で評価します。

　「具体的出来事」で長時間労働の心理的負荷が「強」に該当する例は、

・発病直前の２カ月間連続して、１月当たりおおむね120時間以上の時間外労働を行った場合

・発病直前の３カ月間連続して、１月当たりおおむね100時間以上の時間外労働を行った場合

──となります。また、「中」に該当する例は、『１カ月に80時間以上の時間外労働を行った』、「弱」となる例は、『１カ月に80時間未満の時間外労働を行った』とありますが、これについては、事故や災害の体験がない、仕事の失敗・過重な責任が発生していない等、他の項目で該当するものがない場合のみ、評価するということになっています。

(3)　他の出来事と関連した長時間労働（恒常的長時間労働が認められる場合の総合評価）

　「具体的出来事」が発生した前や後に恒常的な長時間労働（月100時間程度の時間外労働）があった場合には、心理的負荷の強度を修正する要素として評価されます。

　例えば、ある労働者が転居を伴う転勤をし、新たな業務に従事すれば心理的評価は「中」になる場合がありますが、その後月100時間程度の時間外労働を行った場合、心理的負荷が「強」となる場合があります。

第2章　労災保険による補償給付

　上記の時間外労働時間数は目安であり、この基準に至らない場合でも、心理的負荷を「強」と判断されることがあります。また、ここでの「時間外労働」は、週40時間を超える労働時間をいいます。

4 セクハラの心理的負荷の評価方法は

☞ ポイント

　「セクハラ」については「特別な出来事」に該当する項目が挙げられています。これに該当しない場合には「具体的な出来事」で心理的負荷が判断されます。

1 新認定基準の評価方法は

　新認定基準での「セクハラ」の取り扱いは、まず「特別な出来事」に該当するものとして、"強姦や、本人の意思を抑圧して行われたわいせつ行為などのセクシュアルハラスメントを受けた"が挙げられており、これに該当すると判断されたものは「強」となります。

　また、「具体的出来事」に該当するものとしては、心理的負荷を「強」、「中」、「弱」と判断する具体例が次のように挙げられています。

(1) 【「強」になる例】

・胸や腰等への身体接触を含むセクシュアルハラスメントであって、継続して行われた場合

・胸や腰等への身体接触を含むセクシュアルハラスメントであって、行為は継続していないが、会社に相談しても適切な対応がなく、改善されなかった又は会社への相談等の後に、職場の人間関係が悪化した場合

・身体接触のない性的な発言のみのセクシュアルハラスメントであって、発言の中に人格を否定するようなものを含み、かつ継続してなされた場合

・身体接触のない性的な発言のみのセクシュアルハラスメントであって、性的な発言が継続してなされ、かつ、会社がセクシュアルハラスメントであると把握していても適切な対応がなく、改善がなされ

189

第2章　労災保険による補償給付

なかった場合

⑵　【「中」になる例】

・胸や腰等への身体接触を含むセクシュアルハラスメントであって
　も、行為が継続しておらず、会社が適切、かつ、迅速に対応し発病
　前に解決した場合

・身体接触のない性的な発言のみのセクシュアルハラスメントであっ
　て、発言が継続していない場合

・身体接触のない性的な発言のみのセクシュアルハラスメントであっ
　て、複数回行われたものの、会社が適切、かつ、迅速に対応し発病
　前にそれが終了した場合

⑶　【「弱」になる例】

・「○○ちゃん」等のセクシュアルハラスメントに当たる発言をされ
　た場合

・職場内に水着姿の女性のポスター等を掲示された場合

2　セクハラ事案の留意事項

　さらに、新認定基準では、特別に「セクシュアルハラスメント事案
の留意事項」として、**図表22**の4点があげられています。

図表22　セクシュアルハラスメント事案の留意事項

①セクシュアルハラスメントを受けた者（以下「被害者」という。）は、勤務を継続したいとか、セクシュアルハラスメントを行ったもの（以下「加害者」という。）からのセクシュアルハラスメントの被害をできるだけ軽くしたいとの心理などから、やむを得ず行為者に迎合するようなメール等を送ることや、行為者の誘いを受け入れることがあるが、これらの事実がセクシュアルハラスメントを受けたことを単純に否定する理由にはならないこと。

②被害者は、被害を受けてからすぐに相談行動をとらないことがあるが、この事実が心理的負荷が弱いと単純に判断する理由にはならないこと。

③被害者は、医療機関でもセクシュアルハラスメントを受けたということをすぐに話せないこともあるが、初診時にセクシュアルハラスメントの事実を申し立てていないことが「心理的負荷が弱い」と単純に判断する理由にはならないこと。

④行為者が上司であり被害者が部下である場合、行為者が正規職員であり被害者が非正規労働者である場合等、行為者が雇用関係上被害者に対して優越的な立場にある事実は心理的負荷を強める要素となり得ること。

　上記のように、その労働者についての心理的負荷の程度が判断され、さらに、そのセクハラが業務災害か否かが判断されます。

第2章　労災保険による補償給付

⑤　パワハラの心理的負荷の評価方法は

☞ ポイント

「パワハラ」については「特別な出来事」に該当する項目があ
りません。「具体的な出来事」で心理的負荷が判断されます。

1　パワハラの評価方法は

「パワハラ」については、「特別な出来事」に該当する項目はありま
せん。

「具体的出来事」では、**図表23**のように多くのパワハラに該当する
項目が取り上げられています。具体的には、「ひどい嫌がらせ、いじめ、
又は暴行を受けた」、「上司とのトラブルがあった」、「同僚とのトラブ
ルがあった」、「部下とのトラブルがあった」等です。

「具体的出来事」の欄に示されている具体例の内容に、事実関係が
合致する場合には、その強度で評価されます。

さらに、その事案が業務災害（業務上疾病）に該当するか否かが判
断されます。

2　新認定基準の心理的負荷の評価対象期間

新認定基準では、「発病前おおむね6カ月」の間に起こった出来事
について評価されます。

ただし、いじめやセクシュアルハラスメントのように、出来事が繰
り返されるものについては、発病の6カ月よりも前にそれが始まり、
発病まで継続していたときは、それが始まった時点からの心理的負荷
が評価されます。

⑤ パワハラの心理的負荷の評価方法は

図表23 「業務による心理的負荷評価表（具体的出来事）」から抜粋

平均的な心理的負荷の強度				心理的負荷の強度を「弱」「中」「強」と判断する具体例		
具体的出来事	心理的負荷の強度					
	Ⅰ	Ⅱ	Ⅲ	弱	中	強
（ひどい）嫌がらせ、いじめ、又は暴行を受けた			☆	【解説】部下に対する上司の言動が業務指導の範囲を逸脱し、又は同僚等による多人数が結託しての言動が、それぞれ右の程度に至らない場合について、その内容、程度、経過と業務指導からの逸脱の程度により「弱」又は「中」と評価 【「弱」になる例】・複数の同僚等の発言により不快感を覚えた（客観的には嫌がらせ、いじめとはいえないものも含む）	【「中」になる例】・上司の叱責の過程で業務指導の範囲を逸脱した発言があったが、これが継続していない・同僚等が結託して嫌がらせを行ったが、これが継続していない	○ひどい嫌がらせ、いじめ、又は暴行を受けた 【「強」である例】・部下に対する上司の言動が、業務指導の範囲を逸脱しており、その中に人格や人間性を否定するような言動が含まれ、かつ、これが執拗に行われた・同僚等による多人数が結託しての人格や人間性を否定するような言動が執拗に行われた・治療を要する程度の暴行を受けた
上司とのトラブルがあった		☆		【「弱」になる例】・上司から、業務指導の範囲内である指導・叱責を受けた・業務をめぐる方針等において、上司との考え方の相違が生じた（客観的にはトラブルとはいえないものも含む）	○上司とのトラブルがあった 【「中」である例】・上司から、業務指導の範囲内である軽い指導・叱責を受けた・業務をめぐる方針等において、周囲からも客観的に認識されるような対立が上司との間に生じた	【「強」になる例】・業務をめぐる方針等において、周囲からも客観的に認識されるような大きな対立が上司との間に生じ、その後の業務に大きな支障を来した
同僚とのトラブルがあった		☆		【「弱」になる例】・業務をめぐる方針等において、同僚との考え方の相違が生じた（客観的にはトラブルとはいえないものも含む）	○同僚とのトラブルがあった 【「中」である例】・業務をめぐる方針等において、周囲からも客観的に認識されるような対立が同僚との間に生じた	【「強」になる例】・業務をめぐる方針等において、周囲からも客観的に認識されるような大きな対立が多数の同僚との間に生じ、その後の業務に大きな支障を来した
部下とのトラブルがあった		☆		【「弱」になる例】・業務をめぐる方針等において、部下との考え方の相違が生じた（客観的にはトラブルとはいえないものも含む）	○部下とのトラブルがあった 【「中」である例】・業務をめぐる方針等において、周囲からも客観的に認識されるような対立が部下との間に生じた	【「強」になる例】・業務をめぐる方針等において、周囲からも客観的に認識されるような大きな対立が多数の部下との間に生じ、その後の業務に大きな支障を来した

6 いわゆる「過労死」は業務災害として認定されるか

> **ポイント**
>
> 業務が過酷だったなどの理由で、その労働者が脳・心臓疾患を発症し、又は症状が悪化した場合には、業務災害（業務上疾病）と認定されます。

いわゆる「過労死」とは、脳・心臓疾患のうち、業務が有力な原因となって死亡したと認められる場合のことをいいます。

脳・心臓疾患の多くは、本人の体質や食習慣等によって生ずるものと考えられています。

しかし、業務が過酷であったこと、精神的なストレスを異常に受けていたこと等で過重負荷により発病、病状悪化に影響したことが明らかであれば、「業務上の疾病」として扱われ、労働災害と認定されます。過労死として認められる基準は、**図表24**のとおりです。

図表24　過労死と認められる業務上疾病の基準

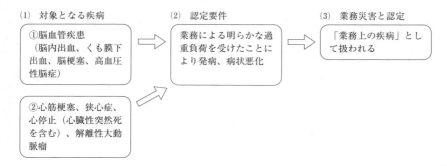

7 精神障害を発病した労働者が自殺を図った場合、労災と認定されるか

☞ポイント

原則として、労災認定されます。

　業務による心理的負荷により精神障害を発病した労働者が自殺を図った場合は、精神障害によって、正常な認識や行為選択能力、自殺行為を思いとどまる精神的な抑制力が著しく阻害されている状態に陥ったもの（故意の欠如）と推定されます。このため、原則として、その死亡は労災認定されます（**図表25、26**）。

図表25　従業員が自殺した場合の労災認定の考え方

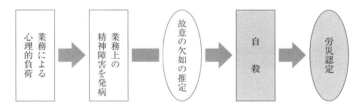

図表26　過労自殺が業務上のものと判断される基準

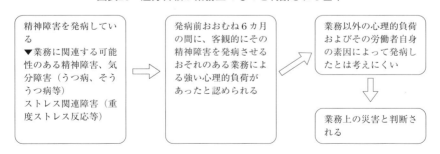

第2章　労災保険による補償給付

8 精神障害は、どのような症状になった場合に「治ゆ（症状固定）」と判断されるか

☞ ポイント

　その精神障害について「症状は残存しているが、これ以上医療効果が期待できない」と判断される場合には「治ゆ」と判断されます。

1　労災保険における「治ゆ（症状固定）」とは

　労災保険における「治ゆ」とは、健康時の状態に完全に回復した状態のみをいうものではなく、傷病の症状が安定し、医学上一般に認められた医療を行っても、その医療効果が期待できなくなった状態（傷病の症状の回復・改善が期待できなくなった状態）をいいます。

2　精神障害の治ゆ後の取り扱いは

　したがって、精神障害についても、「症状は残存しているが、これ以上医療効果が期待できない」と判断される場合には、「治ゆ」（症状固定）となり、その後は、「療養補償給付」や「休業補償給付」は支給されません。

　通常の就労（1日8時間の勤務）が可能な状態で、「寛解（かんかい）」の診断がなされている場合は治ゆの状態と考えられます。寛解とは、症状が一時的あるいは継続的に軽減した状態のことです。

　なお、治ゆ後、症状の変化を防止するために、長期間にわたり投薬などが必要とされる場合には、労災保険指定医療機関で「アフターケア（診察や保健指導、検査等）」を無料で受診することができます。また、一定の障害が残った場合には「障害補償給付」を受けることができます。

⑨ 精神障害について労災認定された事例は

☞ポイント

以下、精神障害について労災認定された事例を2つ掲載します。

労災認定事例①

『新規事業の担当となった』ことにより、『適応障害』を発病したとして認定された事例

　Aさんは、大学卒業後、デジタル通信関連会社に設計技師として勤務していたところ、3年目にプロジェクトリーダーに昇格し、新たな分野の商品開発に従事することとなった。しかし、同社にとって初めての技術が多く、設計は難航し、Aさんの帰宅は翌日の午前2時頃に及ぶこともあり、以後、会社から特段の支援もないまま1カ月当たりの時間外労働時間は90～120時間で推移した。

　新プロジェクトに従事してから約4カ月後、抑うつ気分、食欲低下といった症状が生じ、心療内科を受診したところ「適応障害」と診断された。

〈判断〉

①新たな分野の商品開発のプロジェクトリーダーとなったことは、「具体的出来事」の『新規事業の担当になった、会社の建て直しの担当になった』に該当するが、失敗した場合に大幅な業績悪化につながるものではなかったことから、心理的負荷「中」の具体例である『新規事業等の担当になった』に合致し、さらに、この出来事後に恒常的な長時間労働も認められることから、総合評価は「強」と判断される。

②発病直前に妻が交通事故で軽傷を負う出来事があったが、その他に業務以外の心理的負荷、個体側要因はいずれも顕著なものはなかった。

197

①、②より、Aさんは労災認定された。

労災認定事例⑪

『ひどい嫌がらせ、いじめ、または暴行を受けた』ことにより、『うつ病』を発病したとして認定された事例

　Bさんは、総合衣料販売店に営業職として勤務していたところ、人事異動して係長に昇格し、主に新規顧客の開拓などに従事することとなった。新部署の上司はBさんに対して連日のように叱責を繰り返し、その際には、「辞めてしまえ」「死ね」といった発言や書類を投げつけるなどの行為を伴うことも度々あった。

　係長に昇格してから3カ月後、抑うつ気分、睡眠障害などの症状が生じ、精神科を受診したところ「うつ病」と診断された。

〈判断〉

①上司のBさんに対する言動には、人格や人間性を否定するようなものが含まれており、それが執拗に行われている状況も認められることから、「具体的出来事」の"（ひどい）嫌がらせ、いじめ、又は暴行を受けた"の心理的負荷「強」の具体例である『部下に対する上司の言動が、業務範囲を逸脱しており、その中に人格や人間性を否定するような言動が含まれ、かつ、これが執拗に行われた』に合致し、総合評価は「強」と判断される。

②業務以外の心理的負荷、個体側要因はいずれも顕著なものはなかった。

①、②より、Bさんは労災認定された。

① 労働災害に被災した従業員から労災給付請求の助力依頼を受けた場合、事業主がすべきことは

第3節　労災補償給付の内容、請求手続等

> ### ① 労働災害に被災した従業員から労災給付請求の助力依頼を受けた場合、事業主がすべきことは

☞ ポイント

　事業主には、被災従業員の行う労災給付請求についての証明・手助けの義務があります。

1　事業主のすべきことは

　従業員が、業務上の事由により労働災害に被災した場合に、労災保険法にもとづき、該当従業員に支給される労災補償給付の種類と内容は、**図表27**のとおりです。

　また、該当従業員が各種の労災補償給付を受給する順序は、**図表28**のとおりです。

　労災補償給付は、被災従業員（またはその遺族）が労働基準監督署長に請求書を提出し、その傷病が業務上の事由によるものであると認定されなければ支給されません。

第2章　労災保険による補償給付

図表27　労災補償給付の種類、内容の一覧

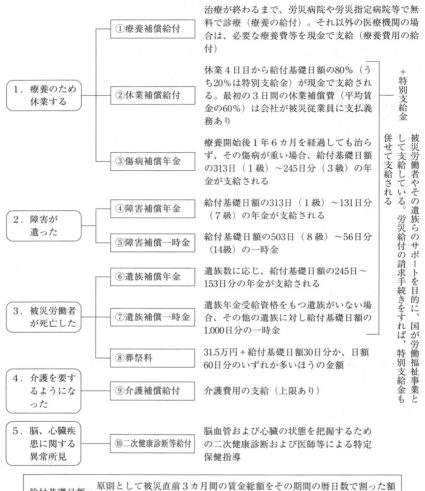

1 労働災害に被災した従業員から労災給付請求の助力依頼を受けた場合、事業主がすべきことは

図表28　労災補償給付の流れ

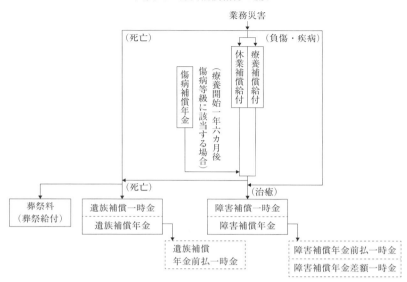

2　労基署に請求書を提出

業務災害や通勤災害を被った場合、被災従業員、またはその遺族には、国から療養や休業、障害、死亡、介護等に伴う給付が支給されます。

労災給付を受けるには、被災した従業員またはその遺族が、所定の保険給付請求書に必要事項を記載して、被災事業所の所在地の労働基準監督署長に提出する必要があります。

3　遺族が請求してもよい

被災した従業員が労災給付を受けないまま死亡した場合、生計をともにしていた遺族は、未支給の保険給付の支給を請求できます。精神障害の場合も同じです。

請求権者は①配偶者、②子、③父母、④孫、⑤祖父母、⑥兄弟姉妹

第2章　労災保険による補償給付

の順に優先順位者となります。

4　労基署での請求受理から支給までの流れは

　これらの流れは、**図表29**、**30**のとおりです。労働基準監督署は、必要な調査を実施して労災給付の要件に該当することを認定した上で給付を行います。

　被災従業員が無料で治療を受けることができる「療養の給付」等については、**図表29**の①（左側欄）のとおりです。「療養補償給付」については、かかった医療機関が労災保険指定病院等の場合には、「療養の給付請求書」を医療機関を経由して労働基準監督署長に提出します。その際、療養費を支払う必要はありません。

図表29　労災給付請求手続きの流れ

①　療養の給付（現物支給）／　二次健康診断等給付※	②　左記以外の労災保険給付（休業補償給付ほか）
労災病院や労災指定病院で受診する	被災労働者が、給付請求書に事業主と医師の証明をもらう
被災労働者が、事業主の証明のある給付請求書を病院や薬局等に提出	所轄の労働基準監督署長に提出
病院等から所轄の労働基準監督署長に提出	被災労働者または遺族に現金が支給される
病院等への支払いは国が行う	

※二次健康診断等給付の場合の受診先は健診給付病院。病院等が請求書を提出する
　先は所轄の都道府県労働局長

1 労働災害に被災した従業員から労災給付請求の助力依頼を受けた場合、事業主がすべきことは

図表30　労働基準監督署における労災給付関係事務の流れ

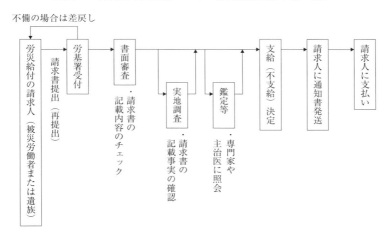

　しかし、医療機関が労災保険指定病院等でない場合には、被災従業員はいったん、医療費を立て替えて支払わなければなりません。その後「療養の費用請求書」を直接、労働基準監督署長に提出し、現金給付してもらうことになります。

5　事業主が従業員から労災給付請求書の証明の依頼を受けた場合は

　労災補償給付の請求書には、次の①〜③について事業主の証明が必要です。
①被災従業員が働いていた事業（会社）の名称、所在地、社長の氏名
②負傷または発病の年月日
③災害の原因や発生状況等
④さらに、休業補償給付等の場合には、給付金額を計算するための基礎となる、平均賃金や休業期間等についての事業主の証明
——が必要です。

　被災時に被災従業員を使用していた事業主は、労災補償給付の請求

人（被災従業員本人、またはその遺族）から、上記①〜④の事項等、請求手続きに必要な証明を求められたときは、すみやかに応じなければなりません。

　また、被災従業員が病気やけがのために、自分で保険給付の請求手続きを行えない場合には、事業主は請求手続きを手助けする義務があります（労災保険法施行規則23条）。

6　事業主は、「災害の原因、発生状況」については証明しなくてもよい

　例えば、うつ病の従業員から労災補償給付請求書の記入を求められ、その書面には、「業務上の事由によりうつ病になった」と記載されていたとします。会社としては「業務外の事由によるものではないか？」と判断していた場合、どのように対応したらよいでしょうか。

　前述の①〜④の事業主の証明事項のうち「②負傷または発病の年月日、③災害の原因や発生状況等」の記載内容については、対象従業員と事業主とで認識、意見が異なる場合も多くみられます。とりわけ精神障害の場合には、意見の相違が多くなります。

　このような場合には、「②負傷または発病の年月日」および「③災害の原因及び発生状況等」の証明については、「②、③欄の記載内容を除き上記①、④の欄についてのみ証明する」と記載してください。そして、別に意見書を提出し、その中に事業主の見解を具体的に記述してください。

　その精神障害の原因及び発生状況について対象従業員と事業主とで認識、意見が異なる場合には、この請求書（意見書を含む）を受理した労働基準監督署長が実態を調査した上で、その精神障害の原因が業務上の事由によるものか否かを判断し決定します。

2 労災給付請求の期限は

☞ ポイント

労災補償給付請求の期限は、障害補償給付と遺族補償給付については、所定の時点から5年間です。

被災労働者の労災補償給付の請求権は、所定の時点から2年（障害補償給付、遺族補償給付については5年）で、時効によって消滅します。つまり、被災労働者はこの期間中に労働基準監督署長に請求しないと、以後請求できなくなります。

消滅時効の起算日は、給付の種類ごとに定められています（**図表31**）。

ただし、傷病補償年金については、政府が職権で支給決定するので、消滅時効の問題は生じません。

図表31　被災労働者の労災補償給付の請求権の消滅時効期間

時効完成年数	項　目	起算日
2年のもの	療養補償給付 （療養費払の場合）	療養に要する費用の支出が具体的に確定した日の翌日
	休業補償給付	労働不能の日ごとにその翌日
	葬祭料（葬祭給付）	労働者が死亡した日の翌日
	介護補償給付	介護補償給付の対象となる月の翌月の1日
	二次健康診断等給付	二次健康診断の通知を受けた日
5年のもの	障害補償給付	傷病が治った日の翌日
	遺族補償給付	労働者が死亡した日の翌日

第2章　労災保険による補償給付

③　精神障害その他の被災従業員が労災補償給付を受給できる期間は

☞ ポイント

業務上のけがや病気が「治癒」するまで受給できます。

1　労災補償給付の受給期間は

　労災保険の療養補償給付や休業補償給付は、業務上のケガや病気が「治癒」するまでもらい続けることができます。「給付期間は最長○年まで」という制限規定はありません。

　なお、「治癒」とは、けがや病気をする前の状態まで回復することをいうものではなく、次の状態のことをいいます。

①負傷は、創面が治癒した場合

②疾病は、急性症状が消退し、慢性症状は持続しても医療効果を期待できない状態となった場合

　給付は、これらの状態になるまで続けられます。

　土、日、祝日の休業補償給付については、次の3つの条件がそろっていれば支給されます。

①業務上の負傷、または疾病による療養のため

②労働することができずに

③賃金を受けていない

　さらに、現在、退職した労働者であっても、これらの3要件を満たしていれば休業補償給付は支給されます。

　休業補償給付が支給されないのは、監獄や労役所等の施設に拘禁されている場合、少年院等の施設に収容されている場合のみです。

　また、休業補償給付の請求の回数や頻度に関する制限はなく、たとえば1週間分、1カ月分あるいは3カ月分をまとめて請求することも

③ 精神障害その他の被災従業員が労災補償給付を受給できる期間は

できます。通常は、1カ月ごとにまとめて請求することが多いようです。

退院後、半日勤務している者の休業補償給付の金額は、次の計算式によります。

（給付基礎日額 － 一部休業日の労働に対して支払われる賃金の額）×80/100

第2章　労災保険による補償給付

第4節　セクハラ・パワハラなど業務上の事由で発病した精神疾患者に関する労災補償給付

1　セクハラ・パワハラなど業務上の事由により精神疾患を発病した場合、どのような労災補償給付があるか

☞ ポイント

次の労災補償給付が支給されます。

① 療養補償給付

無料で治療が受けられます。

② 休業補償給付

休業後4日目から平均賃金の8割が支給されます。

休業3日目までは、使用者は平均賃金の6割を支給しなければなりません。

③ 障害補償給付

心身に障害が残った場合に支給されます。

④ 傷病補償年金

療養開始後1年6カ月を経過した場合に支給されます。

1　療養補償給付は

業務上の事由が原因で従業員がけがをし、または疾病にかかり、指定病院（労災保険が使える病院）で診てもらった場合の労災補償給付は、「療養の給付」として無料で治療が受けられます。

例えば、セクハラ（職場の性的言動による人権・利益の侵害）やパワハラ（職場のいじめ、嫌がらせ等）によるうつ病などの精神疾患も、労災（業務災害）と認められれば対象となります。

療養の給付の内容としては、治療費のほか、入院料や介護の費用等

208

① セクハラ・パワハラなど業務上の事由により精神疾患を発病した場合、どのような労災補償給付があるか

通常療養で必要な費用も含まれます。また、原則としてけがや病気が治ゆするまで給付を受けることができます。

2　療養補償給付の請求手続きは

　業務災害であれば、治療を受けている医療機関（病院等）に「療養補償給付たる療養の給付請求書」を提出します。添付書類は特にありません。

　労災保険の指定薬局で薬をもらう場合は、その薬局に、別に「療養補償給付たる療養の給付請求書」を提出する必要があります。

　請求書の書き方について不明点等がある場合には労働基準監督署等に相談してください。

3　精神疾患の療養開始後1年6カ月を経過した場合の傷病補償年金

　精神疾患の療養開始後1年6カ月が経過し、なおその疾病が治ゆせず、障害の程度が傷病等級の第1級から第3級に該当する場合には、傷病補償年金が支給され、休業補償給付は打ち切られます。

　障害の程度によって、給付基礎日額（原則として、災害発生日以前3カ月間に被災した従業員に支払われた賃金総額を、その期間の総日数で割って算出したもの）の245日分〜313日分が支給されます。

4　障害が残った場合の障害補償給付

　例えば、セクハラやパワハラによる精神疾患で治療を受けた場合、病気が治った（治ゆした）としても、ストレスに関連する一定の障害が残ってしまう場合があります。

　また、セクハラやパワハラに限らず、業務上の事由により疾病にかかり、治ゆした後に一定の障害が残ってしまった場合、その障害の程度に応じて支給されるのが障害補償給付です。

第2章　労災保険による補償給付

　「治ゆ」とは、全快ということではなく、傷病の症状が安定して、これ以上治療を行っても症状が良くも悪くもならない状態になったことを意味します。

　障害補償給付を請求する場合は、障害補償給付支給請求書を、被災従業員の所属事業場の所在地を管轄する労働基準監督署に提出することになります。

　障害補償給付は、障害の程度によって1〜14等級の障害等級に分類されます。第1級〜第7級の場合は給付基礎日額の313日〜131日分の障害補償年金、第8級〜第14級の場合は給付基礎日額の503日〜56日分の障害補償一時金が支給されます。

　また、上述の給付に加えて、障害補償年金が支給される者には障害特別支給金と障害特別年金が支給され、障害補償一時金が支給される者には障害特別支給金と障害特別一時金が、それぞれ支給されます。

② セクハラやパワハラ等で精神疾患を発病した従業員が休業した場合、給付されるものは

☞ ポイント

休業4日目から休業補償給付と休業特別支給金（合計平均賃金の8割）が支給されます。

1 休業補償給付とは

業務中のセクハラやパワハラなど業務上の事由が原因で、うつ病など精神疾患を患った結果、勤務を休み、給料を受けられない場合、対象従業員は労災保険から休業補償給付を受けることができます。この場合、休業した日の4日目から所得補償として休業補償給付と休業特別支給金が支給されます。支給額は次のとおりです。

休業補償給付＝平均賃金（給付基礎日額）の60％×休業日数

休業特別支給金＝同上の20％×休業日数

2 休業補償給付の請求手続き

請求手続きは、**図表32**のとおりです。

図表32　休業補償給付の請求手続きの流れ

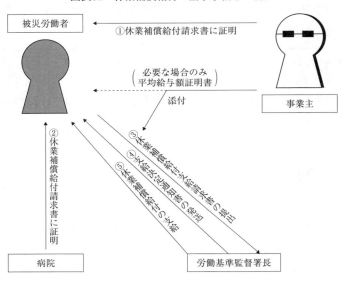

　これらの給付を請求する場合には、休業補償給付支給請求書に治療を受けている医師から労務不能であった期間の証明を受け、対象従業員の所属する事業所の所在地を所管する労働基準監督署に提出します。なお、休業特別支給金は、休業補償給付支給請求書と同一の用紙で同時に請求を行うことができます。次の書類を添付します。
①出勤簿の写し
②賃金台帳の写し
　休業の期間が長くなる場合には、１カ月ごとに請求します。

3　休業後４日目から休業補償給付を支給

　休業してから最初の３日間は待期期間となり、休業補償給付は支給されません。
　待期期間については、使用者が対象従業員に平均賃金の６割以上の金額を支払わなければなりません（労基法）。

待期期間の３日間は、連続していても断続していてもかまいません。

休業日の初日は治療を受け始めた日になります。たとえば、けがの発生が所定労働時間内であればその日が休業日の初日ということになります。しかし、けがの発生が所定労働時間外の場合は、その日の翌日が休業日の初日となります。

4　平均賃金算定内訳の書き方は

休業補償給付支給請求書の「平均賃金算定内訳」の計算方法は、原則として、業務中の災害によるけがや病気の原因となった事故が発生した日以前３カ月間に、その従業員に対して支払われた給料の総額をその期間の暦日数で除した金額です。

なお、給料の締切日があるときは、業務災害発生日の直前の給料の締切日からさかのぼった３カ月間になります。

同請求書の㉝欄「負傷又は発病の時刻」については、精神疾患等、発病年月日が明確に分からない場合には記載しなくてもかまいません。

第2章　労災保険による補償給付

③　セクハラやパワハラなど業務上の事由で従業員が精神疾患を発病して自殺した場合、遺族に対する給付は

☞ ポイント

「遺族補償年金」、「遺族補償一時金」などが給付されます。

1　遺族に対する給付の種類

　セクハラやパワハラ等が原因で従業員が精神疾患を患い、自殺に至るケースもあります。

　このようなケースにおいて、対象従業員に扶養されていた遺族がいる場合、労災保険の遺族補償給付を請求することができます。実際に業務災害として認められた例もあります。

　遺族に対する給付には、次のものがあります。

①原則：遺族補償年金

②特例：遺族補償一時金

③葬祭料

2　原則：遺族補償年金とは

(1)　遺族補償年金をもらえる者は

　遺族補償年金をもらえる者（受給権者）は、被災従業員の死亡時にその従業員の収入によって生計を維持していた**図表33**の該当者（受給資格者）のうち、最先順位者、つまり、最も順番の先の者のみです。

214

③ セクハラやパワハラなど業務上の事由で従業員が精神疾患を発病して自殺した場合、遺族に対する給付は

図表33　遺族補償年金の受給資格者とそれらの最先順位

1番	妻 60歳以上または一定障害の夫
2番	18歳に達する日以後の最初の3月31日までの間にある子、または一定障害の子
3番	60歳以上または一定障害の父母
4番	18歳に達する日以後の最初の3月31日までの間にある孫、または一定障害の孫
5番	60歳以上または一定障害の祖父母
6番	18歳に達する日以後の最初の3月31日までの間にある兄弟姉妹、もしくは60歳以上の兄弟姉妹または一定障害の兄弟姉妹
7番	55歳以上60歳未満の夫
8番	55歳以上60歳未満の父母
9番	55歳以上60歳未満の祖父母
10番	55歳以上60歳未満の兄弟姉妹

　たとえば、業務上のいじめの事由でうつ病となり自殺した従業員に妻がいれば、その妻のみが受給権者となります。

　遺族補償年金の受給権者（たとえば妻）が、被災従業員の死亡時にすでに死亡していた場合には、請求権者（受給権者）は死亡した被災従業員の受給資格者のうち、妻の次に最先順位者となる者（2番の子）です。

　最先順位者（たとえば子）が2人以上あるときは、その全員が等しく受給権者となります。

　遺族補償年金を受ける権利は、その権利を有する遺族が先の受給資格に該当しなくなったときは消滅します。たとえば、この年金をもらっている死亡従業員の妻が婚姻したときは、以後もらえなくなります。

(2)　遺族補償年金の給付額は

　給付額は、**図表34**のとおりです。遺族の数に応じて給付基礎日額の153日分から245日分の年金が支給されます。

第2章　労災保険による補償給付

図表34　遺族補償給付の金額

生計維持の人数	遺族補償年金		遺族特別支給金 ※2	遺族特別年金 ※2	
1人	年金	給付基礎日額の153日分	一時金 300万円	年金	算定基礎日額の153日分
		給付基礎日額の175日分 ※1			算定基礎日額の175日分
2人		給付基礎日額の201日分			算定基礎日額の201日分
3人		給付基礎日額の223日分			算定基礎日額の223日分
4人以上		給付基礎日額の245日分			算定基礎日額の245日分

※1　55歳以上の妻、または一定障害の妻の場合の支給日数です。
※2　遺族特別支給金、遺族特別年金というのは遺族補償年金に加えて行われる給付です。遺族特別年金の支給額の単位となる算定基礎日額は、原則として1年間に支払われた月給と賞与の総額を基にして決定されます。

3　特例：遺族補償一時金とは

　前述の「遺族補償年金受給資格者である遺族」がいない場合は、被災従業員の死亡時に独立して生計を維持していた者等、その他の遺族に対して「遺族補償一時金」として、給付基礎日額の1,000日分が支給されます。

4　葬祭料とは

　死亡した従業員の葬祭を行うと認められる者に対しては、
〈31.5万円＋給付基礎日額の30日分〉
または
〈給付基礎日額の60日分〉
のいずれか高額の葬祭料が支給されます。

216

③ セクハラやパワハラなど業務上の事由で従業員が精神疾患を発病して自殺した場合、遺族に対する給付は

5　遺族補償給付の請求手続きは

　遺族補償年金をもらう場合には、請求権のある遺族（受給権者）が、死亡診断書と戸籍謄本を添付し、「遺族補償年金支給請求書」に事業主の証明をもらい、これらの書類を、その事業所の所在地を所管する労働基準監督署に提出しなければなりません（**図表35**）。

　また、一時金の場合には「遺族補償一時金請求書」を提出します。

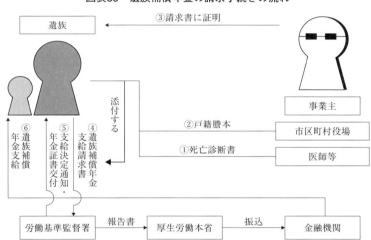

図表35　遺族補償年金の請求手続きの流れ

第2章　労災保険による補償給付

第5節　労災補償給付の請求が認められなかった場合の審査請求

1 労働基準監督署長が行った労災補償給付の不支給決定に不服がある場合、どうすればよいか

☞ ポイント

　各都道府県労働局内の「労災保険審査官」に審査請求を行うことができます。

　労働災害（業務災害）に被災した労働者（またはその遺族）からの労災補償給付の請求を受け、支給または不支給の決定をするのは労働基準監督署長です。

　この決定に不服がある場合には、各都道府県労働局内の「労災保険審査官」に審査請求をすることができます。審査官の審査結果にさらに不服があるときは、厚生労働省内の「労働保険審査会」に再審査請求をすることができます。

　労働保険審査会の裁決にも不服がある場合は、その決定の取消を求めて、裁判所に行政訴訟を起こすことになります。

　これらの手順は、**図表36**のとおりです。

218

1 労働基準監督署長が行った労災補償給付の不支給決定に不服がある場合、どうすればよいか

図表36 労災補償給付の審査請求・再審査請求等の手順

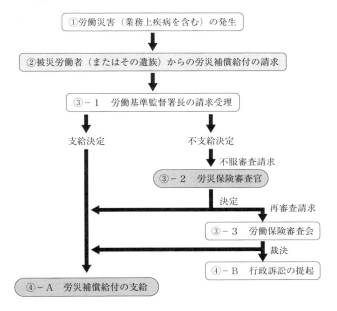

第2章　労災保険による補償給付

② 自社の被災従業員に対して国が支給した労災補償給付の費用を、自社が負担させられる場合はあるか

☞ ポイント

　　事業主の故意または重大な過失により、期限内に保険関係成立届を提出していない場合などは自社が負担させられます。

　事業主が次の①～③のいずれかに該当する場合には、国が被災労働者（または遺族）に対して支払った労災補償給付の費用の全部または一部を、その事業主が負担することになります。

①故意または重大な過失により、期限内に保険関係成立届を提出していない場合

②概算保険料を期限までに納付していない場合

③会社側の故意または重大な過失により労働災害が発生した場合

220

　　　　　　　　　　　　　　　　　　　１　脳・心臓疾患についての、労災補償の状況は

第６節　脳・心臓疾患、精神障害についての労災補償の状況

❙１❙　脳・心臓疾患についての、労災補償の状況は

☞ **ポイント**

　平成28年度は、平成27年度よりも少し増加しています。

　平成28年度の脳・心臓疾患に関する労災補償給付の請求・支給決定
件数を見ると、ともに平成27年度と比べて少し多く、依然高い数値に
とどまっています（**図表37・38**）。業種としては、「運輸業、郵便業」、
「製造業」、「卸売業、小売業」、「宿泊業、飲食サービス業」、「建設業」
の順に支給決定件数が多くなっています（**図表39**）。

　また、『脳・心臓疾患の時間外労働時間数（１カ月平均）別支給決
定件数』（**図表40**）を見ると、脳・心臓疾患で「長期間の過重業務」
により支給決定された事案のうち、１カ月平均の時間外労働時間数が
80時間以上の割合は前年度と同様におよそ９割以上を占めています。

221

第2章　労災保険による補償給付

図表37　脳・心臓疾患の労災補償状況

区　分	年　度	平成24年度	平成25年度	平成26年度	平成27年度	平成28年度
脳・心臓疾患	請求件数	842	784	763	795	825(91)
	決定件数[注2]	741	683	637	671	680(71)
	うち支給決定件数[注3]	338	306	277	251	260(12)
	（認定率）[注4]	[45.6％]	[44.8％]	[43.5％]	[37.4％]	[38.2％] (16.9％)
うち死亡	請求件数	285	283	242	283	261(14)
	決定件数	272	290	245	246	253(16)
	うち支給決定件数	123	133	121	96	107(3)
	（認定率）	[45.2％]	[45.9％]	[49.4％]	[39.0％]	[42.3％] (18.8％)

注1　本表は、労働基準法施行規則別表第1の2第8号に係る脳・心臓疾患について集計したものである。
　2　決定件数は、当該年度内に業務上又は業務外の決定を行った件数で、当該年度以前に請求があったものを含む。
　3　支給決定件数は、決定件数のうち「業務上」と認定した件数である。
　4　認定率は、支給決定件数を決定件数で除した数である。
　5　（　）内は女性の件数で、内数である。なお、認定率の（　）内は、女性の支給決定件数を決定件数で除した数である。

図表38　脳・心臓疾患に係る労災請求・決定件数の推移

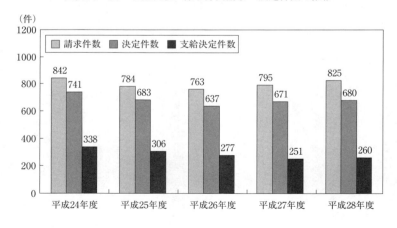

222

[1] 脳・心臓疾患についての、労災補償の状況は

図表39　脳・心臓疾患の業種別請求、決定及び支給決定件数

年度\業種（大分類）	平成27年度			平成28年度		
	請求件数	決定件数	うち支給決定件数	請求件数	決定件数	うち支給決定件数
農業、林業、漁業、鉱業、採石業、砂利採取業	12	6	1	12　(0)	10　(0)	5　(0)
製造業	109	92	34	101　(6)	89　(5)	41　(1)
建設業	111	103	28	98　(1)	78　(0)	18　(0)
運輸業、郵便業	181	161	96	212　(4)	178　(3)	97　(1)
卸売業、小売業	116	98	35	106　(22)	97　(21)	29　(3)
金融業、保険業	12	4	2	7　(1)	6　(1)	1　(0)
教育、学習支援業	9	7	0	12　(2)	10　(2)	3　(1)
医療、福祉	42	33	5	47　(27)	38　(22)	10　(1)
情報通信業	31	23	11	22　(0)	28　(1)	9　(0)
宿泊業、飲食サービス業	55	51	22	50　(12)	43　(6)	20　(2)
その他の事業（上記以外の事業）	117	93	17	158　(16)	103　(10)	27　(3)
合　　　計	795	671	251	825　(91)	680　(71)	260　(12)

注　1　業種については、「日本標準産業分類」により分類している。
　　2　「その他の事業（上記以外の事業）」に分類されているのは、不動産業、他に分類されないサービス業などである。
　　3　（　）内は女性の件数で、内数である。

図表40　脳・心臓疾患の時間外労働時間数（1カ月平均）別支給決定件数

年度\区分	平成27年度	うち死亡	平成28年度	うち死亡
45時間未満	0	0	0　(0)	0　(0)
45時間以上～60時間未満	1	1	0　(0)	0　(0)
60時間以上～80時間未満	11	4	14　(1)	9　(1)
80時間以上～100時間未満	105	49	106　(5)	51　(1)
100時間以上～120時間未満	66	24	57　(2)	19　(1)
120時間以上～140時間未満	16	6	36　(1)	15　(0)
140時間以上～160時間未満	20	7	18　(0)	5　(0)
160時間以上	18	3	17　(0)	7　(0)
合　　　計	237	94	248　(9)	106　(3)

注　1　その他の件数は、認定要件のうち、「異常な出来事への遭遇」又は「短期間の過重業務」により支給決定された事案の件数である。
　　2　（　）内は女性の件数で、内数である。

223

第2章　労災保険による補償給付

2 精神障害についての労災補償の状況は

☞ポイント

　平成28年度の労災補償の請求件数は1,586件で、過去最多となっています。

　平成28年度における精神障害の労災請求件数は1,586件と過去最多となっています。また、支給決定件数は498件で、前年度比26件の増加となり、過去最多となっています（**図表41・42**）。

図表41　精神障害の労災補償状況

区分	年度	平成 24年度	平成 25年度	平成 26年度	平成 27年度	**平成 28年度**
精神障害	請求件数	1257	1409	1456	1515	1586 (627)
	決定件数^{注2}	1217	1193	1307	1306	1355 (497)
	うち支給 決定件数^{注3}	475	436	497	472	498（168）
	（認定率）^{注4}	［39.0%］	［36.5%］	［38.0%］	［36.1%］	［36.8%］ （33.8%）
うち自殺^{注5}	請求件数	169	177	213	199	198 (18)
	決定件数	203	157	210	205	176 (14)
	うち支給決 定件数	93	63	99	93	84 (2)
	（認定率）	［45.8%］	［40.1%］	［47.1%］	［45.4%］	［47.7%］ （14.3%）

注1　本表は、労働基準法施行規則別表第1の2第9号に係る精神障害について集計したものである。
　2　決定件数は、当該年度内に業務上又は業務外の決定を行った件数で、当該年度以前に請求があったものを含む。
　3　支給決定件数は、決定件数のうち「業務上」と認定した件数である。
　4　認定率は、支給決定件数を決定件数で除した数である。
　5　自殺は、未遂を含む件数である。
　6　（　）内は女性の件数で、内数である。なお、認定率の（　）内は、女性の支給決定件数を決定件数で除した数である。

2 精神障害についての労災補償の状況は

図表42 精神障害に係る労災請求・決定件数の推移

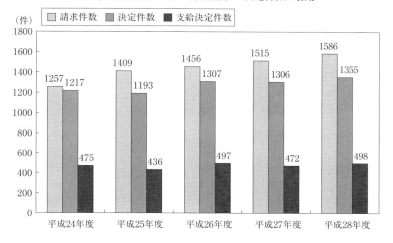

業種別に見ると、「製造業」、「医療、福祉」、「卸売業、小売業」、「建設業」、「運輸業、郵便業」、の順に支給決定件数が多くなっています（**図表43**）。

『精神障害の時間外労働時間数（1カ月平均）別支給決定件数』（**図表44**）を見ると、精神障害で「長期間の過重業務」により支給決定された事案については、1カ月平均の時間外労働時間数が長時間になると増加しています。

第２章　労災保険による補償給付

図表43　精神障害の業種別請求、決定及び支給決定件数

年度 業種（大分類）	平成27年度			平成28年度					
	請求件数	決定件数	うち支給決定件数	請求件数		決定件数		うち支給決定件数	
農業、林業、漁業、鉱業、採石業、砂利採取業	11	8	6	11	(5)	11	(1)	7	(1)
製造業	262	239	71	279	(61)	242	(45)	91	(20)
建設業	95	65	36	108	(10)	88	(8)	54	(2)
運輸業、郵便業	144	134	57	173	(30)	131	(24)	45	(7)
卸売業、小売業	223	191	65	220	(92)	179	(69)	57	(23)
金融業、保険業	52	52	14	55	(30)	44	(25)	11	(5)
教育、学習支援業	37	52	19	42	(21)	34	(19)	10	(6)
医療、福祉	254	194	47	302	(225)	250	(174)	80	(58)
情報通信業	94	70	30	82	(25)	76	(19)	27	(8)
宿泊業、飲食サービス業	71	59	29	81	(32)	66	(23)	33	(12)
その他の事業（上記以外の事業）	272	242	98	233	(96)	234	(90)	83	(26)
合　　　計	1515	1306	472	1586	(627)	1355	(497)	498	(168)

注１　業種については、「日本標準産業分類」により分類している。
　２　「その他の事業（上記以外の事業）」に分類されているのは、不動産業、他に分類されないサービス業などである。
　３　（　）内は女性の件数で、内数である。

② 精神障害についての労災補償の状況は

図表44　精神障害の時間外労働時間数（１カ月平均）別支給決定件数

区分 \ 年度	平成27年度	うち自殺	平成28年度		うち自殺	
20時間未満	86	5	84	(46)	5	(0)
20時間以上～40時間未満	50	9	43	(14)	8	(0)
40時間以上～60時間未満	46	11	41	(9)	10	(0)
60時間以上～80時間未満	20	4	24	(6)	3	(0)
80時間以上～100時間未満	20	7	23	(2)	11	(0)
100時間以上～120時間未満	45	18	49	(7)	12	(1)
120時間以上～140時間未満	40	15	38	(8)	8	(0)
140時間以上～160時間未満	22	4	19	(3)	5	(0)
160時間以上	65	18	52	(11)	19	(1)
その他	78	2	125	(62)	3	(0)
合　　　計	472	93	498	(168)	84	(2)

注１　自殺は、未遂を含む件数である。
　２　その他の件数は、出来事による心理的負荷が極度であると認められる事案等、労働時間を調査するまでもなく明らかに業務上と判断した事案の件数である。
　３　（　）内は女性の件数で、内数である。

参考文献

①「精神障害の労災認定」厚生労働省
②「新・精神障害の労災認定」（株）労働調査会出版局編
③「過労死・過労自殺の救済Q＆A」大阪過労死問題研究会編、民事法研究会
④「職場のうつと労災認定の仕組み」髙橋健著、日本法令
⑤「安全衛生・労災補償　第４版」井上浩・吉川照芳著、中央経済社
⑥「平成28年度　脳・心臓疾患と精神障害の労災補償状況」厚生労働省

第3章　健康保険の給付

第3章　健康保険の給付
―傷病手当金ほか―

1　健康保険から給付が行われるのはどのような場合か

☞ポイント

　健康保険からは、業務外で起きた「私傷病」について治療費、生活費等が支給されます。

1　健康保険の概要は

　健康保険では、被保険者やその扶養者が、業務外で起きたけがや病気（私傷病）の場合に、治療費や手当金が支給されます。会社を休んだ場合には、最長1年6カ月間、傷病手当金が支給されます。健康保険組合が運営するものが「組合健保」、全国健康保険協会が運営するものが「協会健保」と呼ばれています。

　常時5人未満の従業員の事業所、5人以上の農林水産業、サービス業などを営む事業所は、健康保険に加入するか否かは自由です。その他の事業所については、健康保険法により強制的に加入させられます。

　対象となるのは、加入事業所に働く人、つまり、社長や役員、部課長、一般社員、継続使用される契約社員、パートタイマー等が加入させられます。社長や役員も加入する点が、雇用保険や労災保険とは違います。パートタイマーは、1日の労働時間と1カ月の勤務日数が一般社員の4分の3以上であれば健康保険に加入できます。

　保険料の支払いについては、賃金（標準報酬日額）の一定割合を会社と従業員とで半分ずつ負担し、従業員負担分は、毎月賃金から差し

228

引かれます。

2 短時間労働者に対する社会保険（健康保険、厚生年金保険）の適用拡大（2016年（平成28年）10月施行）とは

(1) 適用拡大の考え方は

被用者（雇用労働者）でありながら被用者保険の恩恵を受けられない非正規労働者に社会保険を適用し、セーフティネットを強化することで、社会保険における「格差」を是正し、制度における働かないほうが有利になるような仕組みを除去することで、特に女性の就業意欲を促進して、今後の人口減少社会に備えることです。

(2) 適用拡大の具体的内容は

現行制度では、労働時間が週30時間以上のパートタイム労働者が社会保険の強制加入対象者となっています。これが、労働時間が週30時間未満であっても、次の①～⑤のすべての要件を満たす場合には社会保険の加入対象となるように改正されました。

改正法が平成28年10月1日から施行されました。

①週の労働時間が20時間以上であること。

②月額賃金が8万8000円以上（年収106万円以上）であること。

③勤務期間が1年以上であること。

④昼間部の学生でないこと。

⑤従業員501人以上の企業に雇用されていること。又は従業員500人以下の企業で社会保険に加入することについて労使で合意がなされていること。

(3) 影響緩和措置とは

短時間労働者など賃金が低い加入者が多く、その保険料負担が重い医療保険者（事業主）に対し、その負担を軽減する観点から、賃金が低い加入者の後期支援金・介護納付金の負担について、被用者保険間で広く分かち合う特例措置を導入し、適用拡大によって生じる保険者

第3章　健康保険の給付

の負担を緩和することとしています。

3　健康保険から支給される給付内容は

　健康保険に加入していると、加入している人（被保険者）とその家族（被扶養者）が、業務以外の理由により、死亡やケガ、病気、出産の場合、費用や手当が支給されます（**図表45**）。

図表45　健康保険の主な給付

こんな場合は？	被保険者に対する給付	被扶養者に対する給付
病気やケガで通院した	療養の給付	家族療養費
在宅で看護を受けた	訪問看護療養費	家族訪問看護療養費
病気、ケガで会社を休んだ	傷病手当金	
出産した	出産育児一時金 出産手当金	配偶者出産育児一時金
死亡した	埋葬料 埋葬費	家族埋葬料

　風邪で通院した場合、病院に支払った金額のうち7割は健康保険から支払われ、残りの3割のみが自己負担となります。

　従業員がうつ病等の精神疾患となった場合、その原因が業務外の事由によるものであれば健康保険から給付が行われ、他方、業務上の事由によるものである場合、労災保険から支給が行われます。その疾患が労災（業務上の事由によるもの）か否かについては、従業員の請求にもとづいて所轄の労働基準監督署長が認定（判断）することになります。この認定は困難で、期間を要します。

　その従業員が労災扱いを希望する場合、会社としては、「労災になるか否かの認定は会社ではなく、労基署が行うこと」を説明します。

　そして、従業員の労災申請手続きについて助力します。しかし、会社側にメンタルヘルス疾患の原因があると受け取られる発言は避ける

230

べきです。当面は、健康保険の給付で治療費等をまかない、仮に労災認定された場合には、後日精算されることを説明すべきでしょう。

4　精神疾患を発病した従業員に対する給付内容は

「業務外の事由」によるけがや病気等の治療等については、健康保険からの給付が利用できます。うつ病等の精神疾患についても、その原因が業務外の事由によるものであれば、その治療等について健康保険の給付を受けることができます。

うつ病である従業員本人（65歳未満）が健康保険の被保険者である場合に、対象となる給付の種類は、**図表46**のとおりです。

図表46　健康保険の被保険者本人に対する給付

1．療養の場合の通常の給付
　(1)　療養（治療）の給付
　　　保険医療機関または保険薬局から治療を受けたり、薬をもらったりした場合には、本人は3割のみ代金を支払い、残りの7割は健康保険から支払われます。
　(2)　入院時食事療養費
　　　被保険者が入院した場合の食事代は、1食あたり260円が自己負担となり、残りは健康保険から支払われます。
　(3)　入院時生活療養費
　　　特定長期入院被保険者については、一定額の生活費が支給されます。
　(4)　療養費
　　　被保険者が、やむを得ず、保険医療機関以外の病院等で診療等を受けた場合には、いったん本人が全額を支払い、後日、払戻金が支給されます。
2．保険外診療・高額医療を受けた場合の給付
　(1)　保険外併用療養費
　(2)　高額療養費
3．死亡に関する給付
　(1)　埋葬料
　(2)　埋葬費

第3章　健康保険の給付

---

② 傷病手当金の支給要件、支給期間、支給金額、受給手続は

☞ ポイント

　傷病手当金は、健康保険の被保険者である従業員等が、業務外のケガや病気で休業した場合に、1日当たりの標準報酬日額の3分の2の金額を、1年6カ月間を限度として支給するものです。

1　傷病手当金とは

　傷病手当金は、健康保険制度により支給されるもの（健康保険法99条）で、療養のため労務に服することができない従業員・会社役員に対して、療養中の生活費を支援するものです。

　傷病手当金は、健康保険の被保険者（任意継続被保険者は除きます）である従業員等に対して、支給開始日から1年6カ月間を上限として、1日当たりの標準報酬日額の3分の2を支給するものです。

2　傷病手当金の支給要件は

　傷病手当金の給付を受けるためには、

①療養のために、

②労務に服することができない状態になり、

③その結果、連続した3日間以上休業した

——ことが必要です。

① **「療養のために」とは**

　「療養のために」というのは、病院で療養を受けていた場合に限らず、自宅療養をしていた場合も含まれます。医師の証明が必要です。

② **「労務に服することができない状態」とは**

　まったく働けない場合だけではなく、けがや病気をする前に従事し

ていた仕事ができない状態のことをいいます。「軽い仕事ならできるが、以前のような仕事はできない」という場合も含まれます。

この点についても医師の証明が必要です。

③「連続した3日間以上休業した」とは

傷病手当金の支給を受けるためには、会社との雇用関係を継続した状態で（従業員として在籍した状態のままで）、所定労働日に連続して3日間以上仕事を休んだことが要件となっています。

この3日間をいつから数えるのか（起算日はいつからか）についてですが、原則として、けがや病気で働けなくなった初日からです。

例えば、勤務時間中に、業務とは関係のないことでけがや病気をして働けなくなった場合は、その日が起算日（初日）となります。

一方、勤務時間終了後に、業務とは関係のないことでけがや病気をして働けなくなった場合は、その翌日が起算日（初日）となります。

この3日間は、必ず、連続していなければならず、報酬（賃金等）の支給の有無はどちらでもかまいません。休業には、年次有給休暇や会社の公休日も含まれます。

休業初めの3日間は、傷病手当金は支給されません。4日目から支給されます。

3　傷病手当金の支給期間と支給金額は

同一のけがまたは病気と、けがにより発生した病気について、傷病手当金の支給期間は最長で1年6カ月間で（**図表47**）、支給を開始した日からの暦日数で数えます。

233

図表47　傷病手当金の支給期間

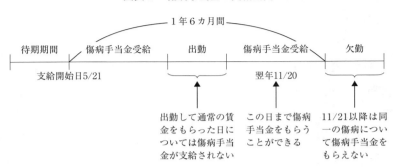

　例えば、5月21日から傷病手当金をもらっている場合であれば、翌年の11月20日までの1年6カ月間が最長の支給期間ということになります。1年6カ月間のうち、実際に傷病手当金が支給されるのは、労務不能による休業が終わるまでの期間です。

　支給金額については、1日につき、標準報酬日額の3分の2に相当する金額です。

　会社から報酬（賃金、役員報酬等）の全部又は一部を受けることができる者に対しては、受けることができる期間は、傷病手当金は支給されません。ただし、受けることができる報酬の額が、傷病手当金の額よりも少ない場合、その差額が支給されます。

4　退職による被保険者資格喪失後の、傷病手当金の継続給付とは

　本来、保険給付は、被保険者（従業員、役員）に保険事故が発生した場合に保険給付をするのが原則です。しかし、健康保険の場合には、次の例外が設けられており、この2つを満たせば、資格喪失（退職）後の傷病手当金の継続給付が認められます。

①被保険者の資格を喪失した日（退職日）の前日まで、引き続き1年以上被保険者（任意継続被保険者または共済組合の組合員である被

保険者を除く）であったこと

②被保険者の資格を喪失した（退職した）際に傷病手当金の支給を受けていること

②の「支給を受けている」とは、現に支給を受けている者のみならず、労務不能期間中であっても、会社（使用者）から報酬の全部が支給されているため傷病手当金の支給を一時停止されている者のように、現に支給は受けていなくとも、支給を受け得る地位にある者のことをいいます。

したがって、使用者から報酬を受けているため傷病手当金の支給が停止されている従業員は、会社を退職し、会社から報酬を受けなくなれば、その日から傷病手当金を支給されるべき者となります。

5　傷病手当金の請求手続きは

傷病手当金支給申請書（**図表48**、236頁～239頁に記載）。提出先は、組合健保の場合、勤務する会社の健康保険組合となり、また、協会健保の場合、全国健康保険組合の都道府県支部（勤務する事業所を管轄する支部）となります。

添付書類は、1回目の支給申請の際、賃金台帳と出勤簿の写しが必要です。役員の場合は、「役員報酬を支払わない」とする旨が記載してある取締役会議事録が必要になります。

病院等で診察・治療を受けずに自宅で療養する場合には、病院にかからなかった理由等を記入した申立書の添付を求められることがあります。

請求した人の負傷の原因が、交通事故等第三者の行為によるものであるときは、傷病手当金支給申請書に加えて、別に「第三者の行為による傷病届」を添付しなければなりません。また、けが等の場合は、負傷原因についての届（負傷原因届）を添付する必要があります。

老齢年金や障害年金を受けている人については、これらの給付との

支給調整が行われるため、傷病手当金は全額支給されません。

図表48　健康保険傷病手当金支給申請書

健康保険 傷病手当金 支給申請書（第 1 回） 1 2 3 4　被保険者記入用　傷

記入方法および添付書類等については、「健康保険 傷病手当金 支給申請書 記入の手引き」をご確認ください。
申請書は、楷書で枠内に丁寧にご記入ください。　記入見本 0 1 2 3 4 5 6 7 8 9 アイウ

被保険者情報

被保険者証の（左づめ）	記号 71010203　番号 117	生年月日 1（1.昭和 2.平成 3.令和）580304（年 月 日）
氏名・印	（フリガナ）タナカ イチロウ 田中一郎　印	自署の場合は押印を省略できます。
住所 電話番号（日中の連絡先）※ハイフン除く	〒1050014　東京 都 道 府 県　港区芝２－３－４ TEL 03654321 09	

振込先指定口座

金融機関名称	○○○　銀行 金庫 信組 農協 漁協 その他（　）	港	本店 支店 代理店 出張所 本店営業部 本所 支所
預金種別	1（1. 普通 3. 別段 2. 当座 4. 通知）	口座番号 1234567	左づめでご記入ください。
口座名義	▼カタカナ（姓と名の間は1マス空けてご記入ください。濁点（゛）、半濁点（゜）は1字としてご記入ください。） タナカ イチロウ	口座名義の区分	1（1. 被保険者 2. 代理人）

「2」の場合は必ず記入・押印ください。（押印省略不可）

受取代理人の欄

被保険者	本申請に基づく給付金に関する受領を下記の代理人に委任します。 氏名・印　印 1.平成 2.令和　年 月 日 住所「被保険者情報」の住所と同じ	
代理人（口座名義人）	〒　TEL（ハイフン除く） 住所 （フリガナ） 氏名・印　印	被保険者との関係

「被保険者記入用」は2ページに続きます。

被保険者のマイナンバー記載欄
（被保険者証の記号番号を記入した場合は記入不要です）
マイナンバーを記入した場合は、必ず本人確認書類を添付してください。

社会保険労務士の提出代行者名記載欄　印

様式番号 601160　協会使用欄 1　(2019.5)　受付日付印

全国健康保険協会 協会けんぽ　1／4

2 　傷病手当金の支給要件、支給期間、支給金額、受給手続は

健康保険 傷病手当金 支給申請書　〔被保険者記入用〕

被保険者氏名　田中一郎

申請内容				
① 傷病名 1つの記入欄に複数の傷病名を記入しないでください。	1) うつ病		② 初診日	年 月 日 2 1.平成 2.令和　0 1 0 9 2 4
	2)			1.平成 2.令和
	3)			1.平成 2.令和

③ 該当の傷病は病気（疾病）ですか、ケガ（負傷）ですか。　**1**　1. 病気　（発病時の状況）私生活での金銭トラブル、離婚により不眠や気力減退といった症状が現れるようになった
2. ケガ → 負傷原因届を併せてご提出ください。

④ 療養のため休んだ期間（申請期間）

	年	月	日		
2　1.平成　2.令和	0 1	1 0	0 1	から	日数　6 1
2　1.平成　2.令和	0 1	1 1	3 0	まで	日間

⑤ あなたの仕事の内容（具体的に）（退職後の申請の場合は退職前の仕事の内容）　営業

確認事項			
上記の療養のため休んだ期間（申請期間）に報酬を受けましたか。または今後受けられますか。	**2**　1. はい　2. いいえ		
①-1 「はい」と答えた場合、その報酬の額と、その報酬支払の対象となった（なる）期間をご記入ください。	年 月 日 1.平成 2.令和　　　　　から 1.平成 2.令和　　　　　まで	報酬額	
② 「障害厚生年金」または「障害手当金」を受給していますか。受給している場合、どちらを受給していますか。	**3**　1. はい →　2. 請求中　3. いいえ	1. 障害厚生年金　2. 障害手当金	「はい」の場合 ➡
②-1 「はい」または「請求中」と答えた場合、受給の要件となった（なる）傷病名及び基礎年金番号等をご記入ください。 （「請求中」と答えた場合は、傷病名・基礎年金番号をご記入ください。）	傷病名 基礎年金番号 支給開始年月日　1.昭和 2.平成 3.令和　年 月 日	年金コード 年金額　　　　　　円	
③ （健康保険の資格を喪失した方がご記入ください。）老齢または退職を事由とする公的年金を受給していますか。	**3**　1. はい　3. いいえ　2. 請求中		「はい」の場合 ➡
③-1 「はい」または「請求中」と答えた場合、基礎年金番号等をご記入ください。 （「請求中」と答えた場合は、基礎年金番号のみをご記入ください。）	基礎年金番号 支給開始年月日　1.昭和 2.平成 3.令和　年 月 日	年金コード 年金額　　　　　　円	
④ 労災保険から休業補償給付を受けていますか。（又は、過去に受けたことがありますか。）	**3**　1. はい　3. いいえ　2. 労災請求中		「はい」の場合 ➡
④-1 「はい」または「労災請求中」と答えた場合、支給元（請求先）の労働基準監督署をご記入ください。		労働基準監督署	

「健康保険傷病手当金支給申請書記入の手引き」の「添付書類」をご用意ください。および「支給期間と支給金額③」をご確認ください。

様式番号
6 0 1 2 6 9

「事業主記入用」は3ページに続きます。 》》》

全国健康保険協会
協会けんぽ

（2 / 4）

237

第3章　健康保険の給付

健康保険 傷病手当金 支給申請書

1 2 **3** 4

事業主記入用

労務に服することができなかった期間を含む賃金計算期間の勤務状況および賃金支払状況等をご記入ください。

事業主が証明するところ

被保険者氏名

勤務状況　【出勤は○で、【有給は△で、【公休は公で、【欠勤は／でそれぞれ表示してください。

				1	2	3	4	5	6	7	8	9	10	11	12	13	14	15			出勤		有給	
2	0	1	1	0			16	17	18	19	20	21	22	23	24	25	26	27	28	29	30	31	計	0 日	0 日

勤務状況行（手書きの勤務記号が記入されている）

				1	2	3	4	5	6	7	8	9	10	11	12	13	14	15		計	日	日
2	0	1	1	1																		

				1	2	3	4	5	6	7	8	9	10	11	12	13	14	15		計	日	日
				16	17	18	19	20	21	22	23	24	25	26	27	28	29	30	31			

上記の期間に対して、賃金を支給しました（します）か？
□ はい
☑ いいえ

給与の種類
☑ 月給　□ 時間給
□ 日給　□ 歩合給
□ 日給月給　□ その他

賃金計算
締日　2 0 日
支払日　1　1.当月 2.翌月　2 5 日

上記の期間を含む賃金計算期間の賃金支給状況をご記入ください。

支給した（する）賃金内訳

区分 ＼ 期間	単価	月 日〜 月 日分 支給額	月 日〜 月 日分 支給額	月 日〜 月 日分 支給額
基本給				
通勤手当				
手当				
手当				
手当				
手当				
現物給与				
計				

賃金計算方法（欠勤控除計算方法等）についてご記入ください。

担当者氏名　上本和夫

上記のとおり相違ないことを証明します。
事業所所在地　東京都大田区蒲田１－２－３
事業所名称　山田商事株式会社
事業主氏名　代表取締役　山田二郎　印

年 月 日
2　1.平成 2.令和　0 1 1 2 2 8

電話番号
※ハイフン除く　0 3 3 7 2 1 0 1 2 3

様式番号
6 0 1 3 6 8

「療養担当者記入用」は4ページに続きます。 》》》

全国健康保険協会
協会けんぽ

3／4

238

2 傷病手当金の支給要件、支給期間、支給金額、受給手続は

健康保険 傷病手当金 支給申請書

1 2 3 **4**

療養担当者記入用

療養担当者が意見を記入するところ	患者氏名	田中一郎				
	傷病名	(1) うつ病	初診日（療養の給付開始年月日）	(1) 2 1.平成 2.令和	011001	
		(2)		(2) 1.平成 2.令和		
		(3)		(3) 1.平成 2.令和		

発病または負傷の年月日	2 1.平成 2.令和 011001 ☑発病 □負傷	発病または負傷の原因	私生活での金銭トラブル、離婚

労務不能と認めた期間	2 1.平成 2.令和 011001 から 2 1.平成 2.令和 011130 まで 61 日間

うち入院期間	1.平成 2.令和 から 1.平成 2.令和 まで 日間入院	療養費用の別	☑健保 □公費（　）□自費 □その他
		転帰	☑治癒 □中止 □繰越 □転医

診療実日数（入院期間を含む） 4 日	診療日及び入院していた日を○で囲んでください。	10 月	1 2 3 4 5 6 ⑦ 8 9 10 11 12 13 14 15　16 17 18 19 20 21 22 23 24 25 26 27 ㉘ 29 30 31
		11 月	1 2 3 4 5 6 7 8 9 10 ⑪ 12 13 14 15　16 17 18 19 20 21 22 23 24 25 26 ㉗ 28 29 30 31
		月	1 2 3 4 5 6 7 8 9 10 11 12 13 14 15　16 17 18 19 20 21 22 23 24 25 26 27 28 29 30 31

上記の期間中における「主たる症状および経過」「治療内容、検査結果、療養指導」等（詳しく）

不眠や意欲の低下、食欲不振、早朝覚醒といた症状が見られ、自宅での休養が必要。

手術年月日	1.平成 2.令和
退院年月日	1.平成 2.令和

症状経過からみて従来の職種について労務不能と認められた医学的な所見

症状が回復するまで在宅での療養が必要で、
業務ができる状態にないため、労務不能と判断した。

人工透析を実施または人工臓器を装着したとき	人工透析の実施または人工臓器を装着した日 1.昭和 2.平成 3.令和	人工臓器等の種類	□人工肛門 □人工関節 □人工骨頭 □心臓ペースメーカー □人工透析 □その他（　）

上記のとおり相違ありません。

医療機関の所在地 東京都港区芝町１－１－１
医療機関の名称 港 総合病院
医師の氏名 天海一男

2 1.平成 2.令和 011203

電話番号 ※ハイフン除く 0367670101

様式番号 601467

全国健康保険協会
協会けんぽ

239

第4章　雇用保険の失業給付

第4章　雇用保険の失業給付

1 雇用労働者が離職した場合に、雇用保険から基本手当（いわゆる失業手当）が支給される要件は

☞ ポイント

「一般被保険者」について、被保険者期間（勤務期間）が、原則として6カ月間以上あり、会社を離職したのち、「失業状態」にあることが必要です。

1　雇用保険の概要は

雇用保険は、雇用労働者が解雇されたり、退職して、失業状態になった場合に、国が一定期間、失業等給付を行って再就職するまでの間の生活を安定させ、安心して就職活動ができるようにするためのものです。一般に「失業保険」といわれています。

雇用保険は、法人・個人を問わず、従業員を1人でも雇っている事業所には強制的に適用され、定められた保険料を事業主と従業員の双方で負担し、国に支払わなければなりません。

ただし、農林水産業のうち従業員が4人以下の個人事業所については、保険加入は任意となっています。

その事業所に働いている事業主の同居の親族は、雇用保険に加入できません。事業主と同居の親族は、家計が一緒だからです。

一方、別居の親族または一般の労働者である場合、これらの者は雇用保険に加入する義務があります。

240

① 雇用労働者が離職した場合に、雇用保険から基本手当（いわゆる失業手当）が支給される要件は

　また、会社（事業主）は、その事業所で雇用する従業員が次の2要件を満たす場合には、契約社員（期間雇用者）、パートタイマー、派遣労働者を含め、すべて雇用保険に加入させる義務があります。
①　1週間あたりの所定労働時間が20時間以上であること。
②　31日以上の継続雇用が見込まれること。
　65歳未満の者は「一般被保険者」、65歳以上の者は「高年齢被保険者」となります。
　具体的には、従業員を採用した場合、採用日の翌月の10日までに「雇用保険被保険者資格取得届」を所轄の公共職業安定所（ハローワーク）に提出し、従業員が離職して被保険者でなくなった場合、同様に「資格喪失届」を提出しなければなりません。
　派遣労働者の場合、雇用主である人材派遣会社（派遣元事業主）に雇用保険の加入手続きを行う義務があります。学生アルバイト、代表取締役等の役員、個人事業者等は、雇用保険に加入できません。
　なお、雇用保険に加入していなかった労働者が公共職業安定所に申請すれば、過去2年間さかのぼって雇用保険に加入することができます。既に会社を離職した後でも可能です。ただし、過去2年間分の雇用保険料（労働者負担分）を、まとめて支払わなければなりません。この手続きにより基本手当をもらえるようになる失業者もいます。

2　離職した場合の基本手当の支給要件は

1）離職した労働者（一般被保険者：高年齢被保険者、季節的労働者、および日雇以外の者。）が、雇用保険の基本手当（いわゆる失業手当）を受給するための要件は、
①65歳未満であること
②離職日以前に、被保険者期間（勤務期間）が原則として、6カ月間以上あること

241

第4章　雇用保険の失業給付

　さらに、「一般受給資格者」の場合は、離職日以前2年間に被保険者期間（雇用保険に加入していた期間）が12カ月以上あれば、基本手当をもらえます。

　被保険者期間の数え方ですが、賃金支払いの基礎となった日数（勤務日数）が11日以上の月を1カ月として計算します。被保険者期間を計算する場合、退社日（離職日）の翌日（資格喪失日）から1カ月ずつさかのぼって計算するので、注意してください。1カ月未満の場合、期間が15日以上で、賃金支払基礎日数が11日以上あれば、2分の1カ月として計算されます。

③就職しようとする積極的な意思と、いつでも就職できる能力・環境があり、公共職業安定所で求職の申込みを行っているが、本人や公共職業安定所の努力によっても職業に就けない「失業の状態」にあること

——の③つとなっています。雇用労働者として働くことができない、あるいは積極的な求職活動をしていない離職者には、基本手当は支給されません。

2）なお、次の者については、高年齢求職者給付金（一時金）として、最大、基本手当の50日分が支給されます。

　a　高年齢被保険者（65歳以上）で加入した者

　b　一般被保険者（65歳未満）として加入したが、65歳以上になって離職した者

② 雇用保険の基本手当の日額、所定給付日数、受給期間、受給手続等は

2 雇用保険の基本手当の日額、所定給付日数、受給期間、受給手続等は

☞ポイント

① 基本手当の日額は、離職前6カ月間の賃金の45〜80％です。

② 基本手当の所定給付日数は、離職理由、年齢、被保険者期間（雇用保険に加入していた期間）等により90〜360日の間のいずれかとなります。

1 基本手当の日額、受給期間、厚生年金との併給禁止は

基本手当の日額は、離職前6カ月間の賃金の45〜80％です。年齢区分ごとに上限額が定められていて、賃金が低い失業者ほど高率になります。

受給期間は、原則として、離職日の翌日から1年間に限られています。雇用保険の基本手当と厚生年金との調整として、60歳以上で老齢厚生年金の受給資格もある場合、どちらか1つを受給している間、一方の給付は支給停止となります。まず、雇用保険の基本手当をもらい、その後、老齢厚生年金をもらうのが一般的です。

2 基本手当の受給手順は

離職者が、基本手当を受給するには、会社から離職票をもらい、公共職業安定所（ハローワーク）に、その離職票を持参して、求職の申込みをすることが必要です。これらの手順は**図表49**のとおりです。

243

図表49　離職者が雇用保険の基本手当をもらうまでの手順

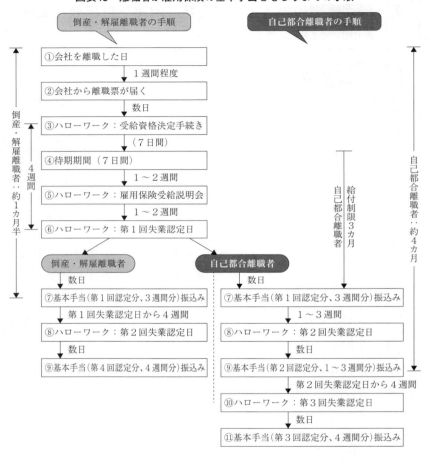

　まず、自分の住所地を担当する公共職業安定所に、ⓐ雇用保険被保険者離職票1・2、ⓑ雇用保険被保険者票、ⓒ印鑑、ⓓ住民票等住所と年齢を確認できる官公署発行の書類、ⓔ写真1枚（3cm×2.5cm程度の正面上半身のもの）、ⓕ本人名義の普通預金通帳（外資系金融機関以外のもの）――等を提出し、求職（再就職先をさがすこと）の申込みが必要となります。

3 所定給付日数は離職理由、年齢、被保険者期間によって異なる

基本手当の所定給付日数は、その労働者の離職の理由や離職時の年齢、被保険者期間（雇用保険の被保険者であった期間）等によって決定され、90～360日間と様々です（**図表50**）。「会社を辞めた理由」や「会社で雇用保険に加入していた年数」の違いで、大きく差がつきます。

図表50　雇用保険の基本手当の所定給付日数

区分 / 被保険者であった期間	1年未満	1年以上5年未満	5年以上10年未満	10年以上20年未満	20年以上
1　倒産・解雇などによる離職者（3を除く）：特定受給資格者・特定理由離職者					
30歳未満	90日	90日	120日	180日	—
30歳以上35歳未満	90日	120日※	180日	210日	240日
35歳以上45歳未満	90日	150日※	180日	240日	270日
45歳以上60歳未満	90日	180日	240日	270日	330日
60歳以上65歳未満	90日	150日	180日	210日	240日
2　自己都合、定年退職などによる離職者（3を除く）：一般離職者					
全年齢	—	90日	90日	120日	150日
3　障害者などの就職困難者					
45歳未満	150日	300日			
45歳以上60歳未満	150日	360日			

※受給資格に係る離職日が2017年3月31日以前の場合90日

第4章　雇用保険の失業給付

③　業務上疾病離職者等が優遇される「特定受給資格者」、「特定理由離職者」の制度とは

☞ ポイント

①　業務上の理由による精神疾患・セクハラ・パワハラ、倒産・解雇等により会社からの離職を余儀なくされた「特定受給資格者」と、やむを得ない理由により離職した「特定理由離職者」は、より手厚い支給となります。

②　特定受給資格者等に該当するか否かの判断は、公共職業安定所が離職票に記載されている離職理由等に基づき、行います。

1　「特定受給資格者」についての優遇措置の内容は

1）「特定受給資格者」とは、離職理由が**図表51**のいずれかに該当する離職者のことです。

2）「特定受給資格者」については、当初3カ月間の給付制限（支給停止）がありません。さらに、被保険者期間（勤続年数）によっては、一般の離職者（一般受給資格者）よりも給付日数が長くなります（**図表50**の1参照）。

3 業務上疾病離職者等が優遇される「特定受給資格者」、「特定理由離職者」の制度とは

図表51　特定受給資格者に該当する離職理由

□セクハラ・パワハラがあった
□会社が倒産した
□事業所が縮小・廃止となった
□事業所が移転し、通勤困難
□解雇された（重大な自己責任によるものを除く）
□労働契約の内容と実際の労働条件が著しく違った
□２カ月以上、賃金の一定割合以上が支払われなかった
□急激に賃金を引き下げられた
□会社側の事情による休業が続いた
□法定基準を超えた長時間の時間外労働を強いられていた
□健康を害するおそれがある就労状態を改善してもらえなかった
□期間の定めのある雇用契約の更新が繰り返され３年以上勤めていた、あるいは
　契約の際に更新が明示されていたにもかかわらず、突然契約終了に追い込まれ
　た
□退職勧奨に応じて退職した（「早期退職優遇制度」等に応募して離職した場合
　を除く）
□違法な業務に就かされた

3）「特定受給資格者」が基本手当をもらうためには、会社を辞めた
　日（離職日）以前の１年間に、雇用保険の加入期間（被保険者期
　間）が６カ月以上あることが必要です。

　特定受給資格者が転職していた場合ですが、例えば、Ａ社に２カ月
間勤務した労働者が倒産・解雇等により離職したとして、この人がＡ
社の前にＢ社に４カ月間勤務しており、それらを通算した６カ月間が
Ａ社を辞めた日からさかのぼって１年以内であれば、基本手当をもら
えます。

2　「特定理由離職者」についての優遇措置の内容は

1）「特定理由離職者」とその特例取扱いの内容は、次のとおりです。
①非正規労働者の雇止め（契約不更新）

　例えば、６カ月や１年など期間の定めのある雇用契約で、「契約の
更新をする場合がある」等と示され、労働者もそれを希望していたに

247

第4章　雇用保険の失業給付

もかかわらず、契約期間の満了時に契約の更新がなかった

②「正当な理由のある」自己都合による離職者

　体力の不足、ケガや病気、家族の介護をはじめとする家庭の事情等、自己都合離職でも「正当な理由がある」として会社都合による離職に準じた離職と認められる場合

２）これらのうちのいずれかに該当すれば「特定理由離職者」となり、特定受給資格者と同様に、当初３カ月間の給付制限（支給停止）がありません。

　非正規労働者の雇い止め（雇用契約の不更新）の場合で、受給資格に係る離職日が平成21年３月31日から平成34年３月31日までであれば、所定給付日数が特定受給資格者と同様になります。なお、これは暫定措置とされています。

　「正当な理由のある自己都合による離職者」については、離職前１年間の被保険者期間が６カ月以上ある場合、特定受給資格者と同様の給付日数となります。

248

④ 精神疾患で離職し、治療のためにすぐには再就職できない場合、基本手当の支給にどのような措置があるか

☞ポイント

　離職者のハローワークへの申出により、原則として1年間の受給期間を、最長4年間まで延長することができます。

1）雇用保険の基本手当の受給期間は、原則として、会社の離職日の翌日から1年間です。ただし、病気やけが、妊娠・出産・育児、親族の看護専念等のため、30日以上働けない場合、所轄の公共職業安定所長に申し出れば、受給期間を延長することが認められています。

　つまり、精神疾患等で会社を離職した場合、離職日から最長4年間まで受給期間を延長することができるのです。

　なお、この受給期間延長の申出は、その傷病により職業に就くことができなくなった日から30日経過した翌日から1カ月以内に、所轄の公共職業安定所長に手続を行う必要があります。この点を、会社を離職する従業員に説明しておくと役立ちます。

2）既に再就職先が決まっている人は、失業状態ではないので、基本手当はもらえません。ただし、受給期間中に再就職先を離職する等して再び失業状態になれば、その時点で受給手続きができる場合があるので、離職票は大切に保管しておきましょう。

3）また、離職日の翌日から1年以内に、基本手当をまったく受給せず、再就職し再び雇用保険の被保険者になった場合、前会社の「被保険者として雇用された期間」と再就職後の「被保険者として雇用された期間」が通算されるので、再就職先に「雇用保険被保険者証」を提出してください。

● 著者略歴

布施　直春（ふせ　なおはる）

2016年11月3日瑞宝小綬章受章

1944年生まれ。1965年、国家公務員上級職（行政甲）試験に独学で合格。

1966年労働本省（現在の厚生労働省）に採用。その後、勤務のかたわら新潟大学商業短期大学部、明治大学法学部（いずれも夜間部）を卒業。〔元〕長野・沖縄労働基準局長。〔前〕港湾貨物運送事業労働災害防止協会常務理事、清水建設㈱本社常勤顧問。関東学園大学・新潟大学大学院・社会福祉専門学校非常勤講師（労働法、公務員法、社会福祉ほか、通算15年間）〔現在〕羽田タートルサービス㈱本社審議役、公益財団法人清心内海塾（障害者・刑務所出所者等の就職支援事業）常務理事、社会福祉法人相思会（知的障害児施設）理事、労務コンサルタント、著述業　ほか。

労働法、社会保障法、障害者・外国人雇用、人事労務管理に関する著書150冊。主な著書に『労基法等、最新労働法の改正と実務対応』『無期転換申込権への対応実務と労務管理』『改訂版企業の労基署対応の実務』『企業の精神疾患社員への対応実務』『雇用多様化時代の労務管理』（以上経営書院）、『これで安心！　障害者雇用の新しい進め方』『Q&A 退職・解雇・雇止めの実務―知っておきたいトラブル回避法―』『Q&A 改正派遣法と適法で効果的な業務委託・請負の進め方―従業員雇用・派遣社員をやめて委託・請負にしよう！』『モメナイ就業規則・労使協定はこう作れ！―改正高年法・労働契約法完全対応―』『その割増賃金必要ですか？―誰でもわかる労働時間管理のツボ』『障害者雇用の新しい進め方』（以上労働調査会）、『雇用延長制度のしくみと導入の実務』（日本実業出版社）、『平成27年改訂版　Q&A　労働者派遣法の実務』（セルバ出版）、『働き方改革関連法早わかり』『改訂新版　わかる！使える　労働基準法』（類書を含み累計20万部）（PHP ビジネス新書）（以上 PHP 研究所）、『労働法実務全書』（約900頁の労働法実務事典）『詳解　働き方改革法の実務対応』『改正入管法で大きく変わる外国人労働者の雇用と労務管理』（以上中央経済社）。

改正女性活躍推進法等と各種ハラスメント対応

2019 年 10 月 19 日　第 1 版　第 1 刷発行　　定価はカバーに表示してあります。

著　者　布施　直春

発行者　平　盛之

発行所　㈱産労総合研究所

出版部　経営書院

〒112－0011
東京都文京区千石 4 —17—10　産労文京ビル
電話03(5319)3620　振替00180-0-11361

落丁・乱丁本はお取り替えいたします。　　印刷・製本　中和印刷株式会社
本書の一部または全部を著作権法で定める範囲を超えて，無断で複写，複製，転載すること，および磁気媒体等に入力することを禁じます。

ISBN978-4-86326-285-0